COMENTÁRIOS S

E aí, MED

"A energia positiva radiante de Michelle brilha nestas páginas sinceras, divertidas, inspiradoras e revigorantes de descoberta pessoal. É um guia poderoso e prático que acaba com nossas inseguranças e liberta o grande sonhador que existe dentro de nós."
—**JOHN JACOBS, cofundador e diretor de criação otimista da empresa *The Life is Good***

"O livro de Michelle mostra quanto a nossa vida pode florescer quando saímos da zona de conforto, assumimos nosso verdadeiro eu e ousamos dizer: *E aí*, MEDO? Um guia essencial para viver com coragem."
—**PIERA GELARDI, diretora executiva de criação e cofundadora da *Refinery29***

"Ninguém superou tanto os próprios limites quanto Michelle Poler, o que a coloca em uma ótima posição para ajudar você a superar os seus! Este livro é a chave para você sair da zona de conforto e, finalmente, alcançar todo o seu potencial."
—**ANDY J. PIZZA, apresentador do *podcast Creative Pep Talk***

"Com muito humor e honestidade, Michelle nos mostra o que acontece quando buscamos o melhor e somos autênticos!"
—**JESSICA WALSH, fundadora e diretora criativa da &Walsh, cocriadora e coautora de *40 Days of Dating***

Os depoimentos das celebridades são ótimos, mas os que MAIS me interessam são os de pessoas comuns. Aqui você vai encontrar as mensagens mais significativas que já recebemos de quem lê meu conteúdo diariamente. São pessoas reais, como você e eu.

"A mensagem de Michelle de aceitar os acasos da vida, enfrentando nossos maiores medos com entusiasmo, é essencial para quem quer ter uma vida rica e memorável. Se você se contenta em ficar estagnado no *status quo*, NÃO LEIA ESTE LIVRO."
—KIRSTEN ANDERSON, terapeuta da alegria

"Michelle é a amiga de que todos nós precisamos, aquela pessoa que nos impele a buscar nossos sonhos e dar o melhor de nós para o mundo de boa vontade. Autêntica, revigorante e extremamente divertida, não há como não se apaixonar por ela e lhe agradecer (muitas vezes) por nos ajudar, com sua sabedoria pragmática, a enfrentar nossos medos a qualquer custo! Uma leitura obrigatória para quem quer viver plenamente."
—YAEL TRUSCH, princesa judia latina

"Descobrir a Michelle foi, na verdade, um dos melhores acasos da minha vida. A mensagem dela mexeu muito comigo. [...] Agora posso dizer: e aí, vida? E aí, medo? Deixe este livro transformar a sua vida da mesma forma que a mensagem dela transformou a minha."
—ANDREINA BRUNETTI, apreciadora dos acasos

"A mensagem de Michelle ajudará você a definir as regras da sua vida, a lidar com a expectativa dos outros e a se perguntar quais são as SUAS expectativas. O que você quer da vida? Pode ser difícil e, às vezes, complicado, mas Michelle mostra que sempre vale a pena."
—TERA WAGES, adepta da gravata-borboleta

"Michelle nos mostra do que uma mulher é capaz quando acredita em si mesma. Ela me ajudou a encontrar minha própria voz, enfrentar o medo de críticas e ser um exemplo para minha filha. E, graças a isso, sou a mãe mais feliz do mundo."
—VIRGINIA HERRERA, mãe feliz

E aí,

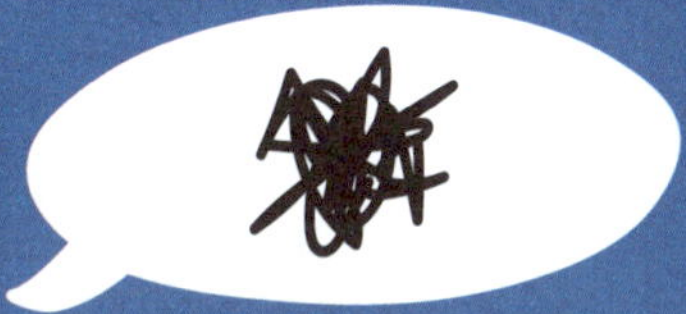

MEDO?

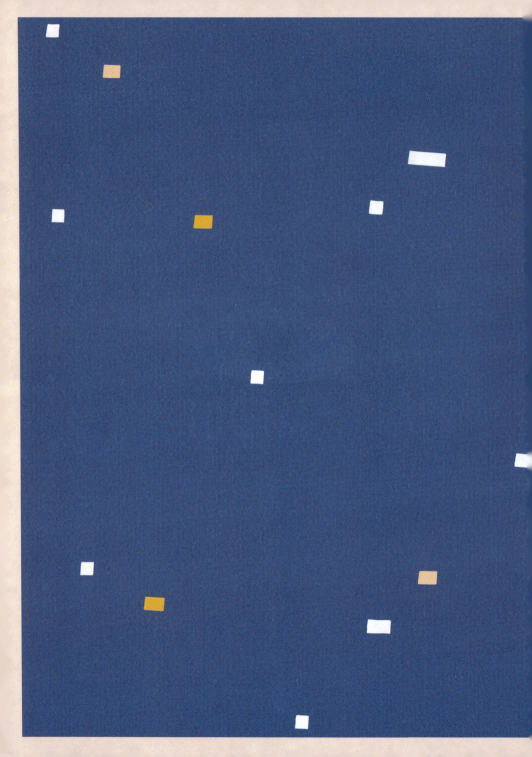

E aí, MEDO?

DIGA ADEUS à ZONA DE CONFORTO e atinja SEU POTENCIAL MÁXIMO

MICHELLE POLER

EDITORA HÁBITO

Avenida Recife, 841 — Jardim Santo Afonso — Guarulhos, SP
CEP 07215-030 — Tel.: 0 xx 11 2618 7000
atendimento@editorahabito.com.br — www.editorahabito.com.br

Todas as citações foram adaptadas segundo o Acordo Ortográfico da
Língua Portuguesa, assinado em 1990, em vigor desde janeiro de 2009.

Todos os grifos são do autor.

Editor responsável: Gisele Romão da Cruz
Editor-assistente: Amanda Santos
Tradução: Reginaldo Souza
Revisão de tradução: Elaine Azevedo
Revisão de provas: Andrea Filatro
Diagramação: Claudia Fatel Lino e Patrícia Lino
Capa: Arte Hábito

1. edição: fev. 2022

Dados Internacionais de Catalogação na Publicação (CIP)
(Câmara Brasileira do Livro, SP, Brasil)

Poler, Michelle
    E aí, medo? : diga adeus à zona de conforto e atinja seu
potencial máximo / Michelle Poler ; [tradução Reginaldo
Souza]. -- 1. ed. -- São Paulo : Editora Hábito, 2022.

    Título original: *Hello, fears!*
    ISBN: 978-65-996667-9-7
    e-ISBN: 978-65-996667-8-0

    1. Autoajuda (Psicologia) 2. Autorrealização (Psicologia)
3. Coragem 4. Maturação (Psicologia) 5. Medos - Aspectos
psicológicos 6. Potencial humano I. Título.

22-100821   CDD-152.4

Índices para catálogo sistemático:
    1. Medo : Superação : Psicologia aplicada 152.4
    Maria Alice Ferreira - Bibliotecária - CRB-8/7964

Esta obra foi composta em Garvis Pro
e impressa por Gráfica Exklusiva sobre papel
Offset 63 g/m² para Editora Hábito.

PARA MEUS FUTUROS FILHOS *

* Ou talvez eu deva apenas dedicar este livro a Adam, que realmente existe agora e foi a razão pela qual fui capaz de virar minha vida de cabeça para baixo como uma deliciosa panqueca.

** Por falar nisso, também dedico este livro a todos os homens que apoiam e empoderam as mulheres.

SUMÁRIO

INTRODUÇÃO: *E aí?*

NÃO GOSTO DE INTRODUÇÕES. É como se eu tivesse de dizer TUDO *de bom* que tem aqui para convencer você de que vale a pena ler o livro. Sou uma contadora de histórias, então não quero APENAS revelar o fato de que enfrentei 100... Ah, não! Não me obrigue a contar. Vai estragar totalmente a história.

Ficou curioso?

Tudo bem, vou contar. Criei este projeto não há muito tempo como parte do meu mestrado em *Branding*, na esperança de me tornar uma pessoa mais corajosa. Encarei 100 medos em 100 dias. E funcionou! Tornei-me uma pessoa mais corajosa e o desafio viralizou. Ao enfrentar meus medos mais sombrios, como saltar de um avião, dançar sozinha na movimentada Times Square, comer ostras nojentas (ainda acho nojentas), também inspirei milhões de pessoas ao longo do caminho. Esse não era o meu objetivo. Não sou uma pessoa *tão* boa assim.

Mas convencer alguém a ler meu livro, comprar minhas coisas? Ainda tenho muito medo de fazer isso. Sou apenas uma garota da Venezuela, que mora em Nova York, e enfrenta os medos da vida, principalmente o de falar em público, que, vira e mexe, é paga para enfrentar.

Exatamente por isso minha mensagem pode ser importante para você. Essa experiência mudou minha vida, e este livro pode mudar a sua.

Este livro não é sobre um projeto de 100 dias. Ele conta como consegui deixar de ser uma garota medrosa, que NÃO QUERIA sair da zona de conforto, e me tornei uma garota medrosa capaz de desconstruir as ideias de fracasso, rejeição, medo como obstáculo, crítica e expectativa alheia, e crescer depois disso. Continuo medrosa, claro, mas agora faço minhas próprias escolhas e vivo de acordo com meus próprios padrões. Às vezes, tenho medo de experimentar algo novo, mas tenho muito mais medo de não tentar.

Você ousaria aceitar esse medo também?

Este livro é pessoal, tanto para mim quanto para você. Conto histórias que nunca contei antes, digo coisas muito constrangedoras e delicadas, e meio que espero que você faça o mesmo, quer dizer, #igualdade! Quanto menos nos preocupamos com o que achamos que os outros querem ouvir, mais somos capazes de descobrir quem realmente somos. Este livro vai ajudar você a adotar essa mensagem e se tornar a melhor versão de si mesmo. Não é essa uma das vantagens de estar vivo?

Você pode abrir o livro em qualquer capítulo e começar a ler. Sugiro que você faça alguns exercícios ao longo do processo e quero que reflita e escreva com suas próprias palavras e aplique à sua própria vida. Este não é um daqueles livros que você lê e dá para os outros, não! Eles podem comprar, se quiserem, meu amor. Esta cópia aqui é para você guardar. Você vai querer reler em diferentes fases da vida e, cada vez que reler, vai descobrir uma coisa nova. O medo sempre estará presente, por isso, se mudarmos continuamente a maneira de encará-lo, conseguiremos viver com coragem e crescer. Este livro vai tirar você da sua zona de conforto, e é aí que toda a mágica acontece, não é?

Nossa, isso é TÃO clichê! Odeio introdução, então, POR FAVOR, vamos acabar com isso. Preparado? Nos vemos no Capítulo 1, no 5 ou no 10... no que você decidir ler primeiro!

BEIJINHOS,

Michelle

(FAZENDO AS PAZES COM
A VIDA DESDE 1988)

UM É aí, VIDA?

DO PILOTO AUTOMÁTICO À VIDA PLENA

ESTOU NOS BASTIDORES DO PALCO ao lado da Lisa, uma gerente de eventos com um fone de ouvidos preto que está dando instruções para a sala de controle.

— Dave, coloque a apresentação da Michelle e aumente bem o volume — ela diz baixinho, olhando para mim. Sorrio para ela indicando que estou pronta para entrar e ARRASAR! Por trás disso, porém,

estou suando, e meu coração está
tão acelerado quando o de um gue-
pardo caçando um coelho. Que imagem
horrível acabei de colocar na sua mente.
Desculpe, coelhinho.

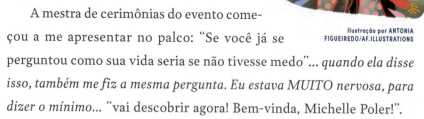

Ilustração por ANTONIA
FIGUEIREDO/AF.ILLUSTRATIONS

A mestra de cerimônias do evento começou a me apresentar no palco: "Se você já se
perguntou como sua vida seria se não tivesse medo"... *quando ela disse
isso, também me fiz a mesma pergunta. Eu estava MUITO nervosa, para
dizer o mínimo...* "vai descobrir agora! Bem-vinda, Michelle Poler!".

Continuo nos bastidores, rezando para que meu controle remoto
funcione, mas o grito da multidão me lembra, mais uma vez, de que
essa gente não é minha inimiga. O que essas pessoas *mais* querem é
que eu seja MEGA incrível, para que possam voltar para casa e contar
tudo sobre essa mulher maravilhosa que fez valer a pena ir até lá.

Dou o sinal para que o Dave da sala de controle aumente o volume
(nível de balada) porque AQUI VOU EU!

Clico na minha própria música de entrada — "Dura", de Daddy
Yankee (gosto e assumo) — e começo a dançar como se estivesse ao lado
do próprio Daddy Yankee no palco do MTV Video Music Awards, só
que estou sozinha, na frente de oito mil mulheres cujos olhos simplesmente saltaram para fora porque elas *não* estavam esperando aquele
tipo de coisa, às 8 horas da manhã, em plena terça-feira.

Estou me sentindo *super* bem. *Reggaetón* é a única coisa que me
acalma. Estou pronta para me expor, contar como consegui superar
meus medos e inspirar essas mulheres a fazer o mesmo, porque ver

diretamente o impacto das minhas palavras sobre elas é o que faz minhas viagens valerem a pena!

Mas calma! Nem sempre foi assim. Vamos voltar quatro anos atrás.

Lá estava eu, tomando banho após um longo dia de trabalho, ouvindo minha própria *playlist* "Cool Now" no Spotify, como sempre faço. A primeira música que começou a tocar foi "I Lived" do OneRepublic. Conhece? Comecei a reparar na letra e caí no choro, quer dizer, fiquei em prantos! Não sei de quem a música estava falando, mas ia muito ALÉM de qualquer experiência que eu tinha tido. Percebi que eu *NÃO tinha vivido*. Bem, tecnicamente, eu estava viva há vinte e cinco anos, mas vivido, *vivido*... não, eu não tinha. Foi essa revelação que me motivou a dizer: "E aí, medo?".

Tudo começou quando me mudei para Nova York, em 2014, para fazer o mestrado de *Branding* na School of Visual Arts (SVA). No primeiro dia de aula, Debbie Millman, guru em *Branding* e fundadora do programa, fez uma pergunta *simples* para a classe:

— O que vocês gostariam de estar fazendo daqui a dez anos?*

Você já pensou nisso? Até parece uma pergunta *simples*... Foi uma das perguntas mais difíceis que já tinham me feito na vida.

Se você já se perguntou isso, sabe que, para responder, tem de pensar grande... mas não demais! Você precisa parecer ambicioso, mas humilde. Você começa sonhando com um iate de 150 pés, mas no meio do caminho se contenta com um mero caiaque! Você não quer estragar seu futuro com GRANDES planos que não dão em nada e acabam como um belo FRACASSO, não é mesmo?

---

* Foi a mesma pergunta que Milton Glaser fez quando Debbie Millman era sua aluna.

Então, comecei a escrever coisas meio ambiciosas que pensei que poderiam me fazer feliz dali a dez anos:

Daqui a dez anos, depois de trabalhar para algumas das melhores empresas de Nova York, finalmente me tornarei uma empresária! Montarei um negócio (qualquer) com Adam, meu marido, viajaremos juntos a trabalho para vários lugares e vamos adorar, serei convidada para dar palestras em empresas e eventos sobre minhas conquistas, *e* vamos comprar nosso primeiro apartamento em Manhattan!

Depois que redigi meu plano, Debbie nos pediu para identificar um **grande obstáculo** que poderia atrapalhar nossos objetivos. Em poucos segundos, fui transportada de volta para aquele momento em que chorei no chuveiro, semanas antes desse exercício. Percebi que não tinha vivido por causa de uma única coisa: **MEDO**.

O medo era o único obstáculo que poderia me impedir totalmente de alcançar meu objetivo em dez anos. Como eu poderia me candidatar nas melhores empresas de Nova York se tinha tanto medo da rejeição? Como poderia me tornar uma empresária se não suportava a incerteza? Como poderia ter um negócio próspero se tinha pavor de fazer contatos e autopromoção? Como seria capaz de dar palestras sobre minhas "conquistas" se morria de medo de falar em público? E por que compraríamos um apartamento em Nova York se, depois de nove meses nessa cidade, eu ainda não tinha me adaptado? Eu queria TODAS essas coisas, mas morria de medo delas.

Descobri que **tinha sede de sucesso, mas era impedida pelo medo**.

A tarefa depois dessa aula foi o que transformou completamente a minha vida.

O PROJETO DE 100 DIAS

Depois que a classe inteira imaginou como seria a vida dali a dez anos e identificou o maior obstáculo que poderia atrapalhar esse plano, era preciso fazer algo a respeito, certo? Não podíamos ficar simplesmente ali parados, observando aquele obstáculo arruinar nosso futuro! Foi quando Debbie nos apresentou o *#The100DayProject**.

"— Se você pudesse fazer UMA única coisa, repetidamente, por 100 dias seguidos, o que seria?" — ela perguntou.

Cem dias fazendo exatamente a mesma coisa? Isso que é compromisso! Identifique uma coisa que você queira mudar na sua vida e, durante 100 dias, tente crescer ou se tornar uma versão melhor de si mesmo. Eu pensei em:

- 100 dias de gratidão
- 100 dias de amor-próprio
- 100 dias enfrentando rejeição
- 100 dias de otimismo
- 100 dias escrevendo um diário
- 100 dias explorando coisas novas
- 100 dias de meditação
- 100 dias de fotografia ou cerâmica
- 100 dias de vulnerabilidade

---

* O *#The100DayProject* (Projeto de 100 dias) foi originalmente criado por Michael Bierut na Universidade de Yale.

Mas, o que acabei fazendo? Fiquei 100 dias enfrentando o medo.
Em apenas 24 horas, passei de uma vida inteira dizendo "Não,
obrigada" para "Então tá, vou tentar". Deixei de resistir à vida e passei
a fazer as coisas com vontade. Saí do piloto automático e entrei no
modo de **aproveitar a vida ao máximo.**

O objetivo era me tornar uma pessoa mais corajosa, mas não só
para mim. Queria ser uma esposa corajosa para Adam, meu marido, e
uma mãe mais corajosa para meus futuros filhos.

Uma pequena história

Venho de uma linhagem de sobreviventes da Segunda Guerra Mundial.
Metade da minha família morreu nos campos de concentração nazistas. Meus avós tiveram sorte. Conseguiram sobreviver e recomeçar
a vida em um país diferente, a Venezuela, onde nasci. O problema é
que o medo deles nunca desapareceu. Na verdade, passou de geração
para geração. Minha mãe foi criada com MUITO medo, e eu também.
Embora nossos medos não sejam os mesmos, nós duas agíamos da
mesma forma em relação a eles: quando sentir, não dê atenção! Quando
descobri o *#The100DayProject*, logo percebi que essa era a minha única
chance de quebrar a corrente do medo na minha família e redefinir meu
futuro, como explico no Capítulo 10. Então, por favor, leia as primeiras
cinco páginas desse último capítulo AGORA, se quiser ter uma noção
melhor da minha história. Depois, volte para cá e continue lendo!

Apesar da história da minha família, você pode estar pensando:
como alguém pode ter 100 medos? Parece um *grande exagero.* Tem razão!
Ao longo da jornada, descobri que não tinha 100 medos, **apenas 7.**

7 medos principais

É o 15º dia do meu projeto de 100 dias e, enquanto caminhava calmamente do meu apartamento até o salão de beleza, senti um frio no estômago que me lembrou do 4º dia, quando fui colocar um *piercing* na orelha.

Conforme me aproximava do salão, meus pés iam ficando mais pesados. O fato de ir ao salão não me assustava, nem o salão em si. Já tinha ido lá muitas vezes para fazer a unha e o cabelo, mas agora era diferente. Estava indo atrás do único serviço deles que eu tinha evitado nos últimos treze anos da minha vida, desde que a puberdade chegou com tudo: a *depilação cavada da virilha*.

Estava apavorada, não só por causa da dor que isso causaria, mas pela vergonha de mostrar a minha você-sabe-o-quê para a... *Olga*.

Olga era a russa escalada para depilar a minha... isso mesmo. E a primeira coisa que perguntei para ela foi: "Você se importa... se eu... usar a minha *GoPro* para filmar você me depilando... lá embaixo?".

Ah, sim, eu não apenas me comprometi a enfrentar um medo por dia, mas também editava um vídeo por dia e postava no YouTube, o que, às vezes, era mais assustador que o próprio medo. Já experimentou publicar na *world wide web* um vídeo em que você fica completamente vulnerável e todas as pessoas que conhece vão ver? Faça isso 100 vezes seguidas!

Essa deve ter sido a coisa mais estranha que a Olga já ouviu!

Mas, Deus a abençoe, porque o que ela me disse ficou comigo para sempre: "Se isso a faz se sentir melhor, querida". É impossível não AMAR essa mulher!

Olga não era apenas muito boa no que fazia, mas tornou meu vídeo dez mil vezes melhor. Ela achou hilária a ideia de me filmar e decidiu

TENHO SÓ 7 MEDOS

1. DOR
2. PERIGO
3. VERGONHA
4. REJEIÇÃO
5. SOLIDÃO
6. CONTROLE
7. NOJO

fazer parte do vídeo! Ela não tinha ideia de que isso apareceria no YouTube e menos ainda que o vídeo teria mais de meio milhão de visualizações... quem sabe eu deveria ter avisado. Sinceramente, na época, eu achava que só uma dúzia de pessoas assistiria aos meus vídeos.

Olga literalmente mostrou a cera verde para a câmera e disse algumas palavras de encorajamento. Eu deveria imaginar que ia doer como o inferno. Muito mais do que o *piercing* na orelha, embora isso também seja doloroso.

Mas percebe o que estou querendo dizer? A cera e a agulha propriamente ditas não me assustavam. Elas eram apenas a manifestação de um único medo: dor.

E, assim como fiz nesse caso, coloquei todos os meus desafios lado a lado e, no fim, eles se resumiram a 7 medos principais:

1. Dor
2. Perigo
3. Vergonha
4. Rejeição
5. Solidão
6. Controle (ou a falta dele)
7. Nojo

Esses 7 medos ficaram claros quando comparei os desafios que estava enfrentando com os diferentes sentimentos que eles provocavam na hora em que os enfrentava ou um pouco antes.

Quando categorizei meus medos dessa forma, cheguei a algumas conclusões interessantes. Percebi que algumas categorias de medo me incomodavam muito mais do que outras. Dependendo da personalidade, da experiência e da criação, cada pessoa tem seu próprio jeito de tratar essas categorias. Por exemplo, descobri que Adam, meu marido, fica mais tenso com as coisas que eu tenho MENOS medo e menos tenso com as que tenho MAIS medo.

Isso revela uma coisa importante: **o medo é universal, mas também bastante particular.** Cada um de nós tem sua própria zona de conforto. Nós sabemos exatamente onde ela começa e termina, mas é diferente para cada pessoa, da mesma forma que nossa personalidade ou nosso corpo. As coisas que são difíceis para mim podem ser fáceis para você. Por exemplo, embora seja terrível para mim ter de enfrentar o medo da solidão, da dor e da falta de controle, Adam prefere qualquer uma dessas coisas a ter de passar vergonha ou sofrer rejeição.

Se você não está entendendo o que eu quero dizer com os medos principais, vou dar um exemplo das coisas que fiz em relação a cada um:

DOR

Meu limiar de dor é muito baixo quando se trata de dor física. Tento evitá-la a qualquer custo. "Menina, você NUNCA vai poder ter filhos assim! Nem encostei em você e já está chorando!". Ouvi essa frase muitas vezes na vida. No consultório médico, no cabeleireiro, na manicure e, agora, na mesa de depilação da Olga. Não é à toa que *ainda* não tive filhos!

Alguns desafios que criei para vencer esse medo foram: comer um prato bem apimentado, fazer acupuntura, andar de salto alto o dia inteiro em Nova York, furar a orelha e... bem, fazer a depilação cavada da virilha que, agora, todos conhecem muito bem (informação demais).

PERIGO

Meu projeto nunca foi desafiar a morte, mas aprender a viver a vida. Por isso, evitei coisas que pudessem ser perigosas ou fatais. Mas alguns desafios a que me sujeitei com certeza chegavam perto disso, como segurar uma tarântula E uma cobra (não ao mesmo tempo), saltar de um avião em segurança (e depois de um penhasco), mergulhar com tubarões, visitar uma colmeia e, o mais perigoso de todos, andar de bicicleta em Nova York (se nunca fez, não se ATREVA a negar).

VERGONHA

Algumas pessoas preferem se arriscar com abelhas ou tubarões a passar vergonha na frente de outras. Mas eu prefiro fazer comédia *stand-up*, cantar *muito mal* na frente de uma multidão, dançar como se ninguém estivesse olhando e andar de biquíni em Nova York em pleno outono do que sentir qualquer tipo de dor física. O medo de passar vergonha está intimamente ligado à necessidade de se sentir incluído, fazer parte do grupo e manter o *status quo*, o que limita muito a nossa capacidade de ser autêntico e a nossa individualidade. Se você se identifica com esse medo, tenho quatro palavras para você: capítulos 3 e 4.

REJEIÇÃO

É uma dor psicológica. Ouvir "não" é uma das coisas mais difíceis que o ser humano pode enfrentar. Dói muito por dentro. É o que nos faz acreditar que *NÃO somos bons o suficiente*. Seja a rejeição de um ente querido, de um emprego, de uma faculdade, de uma ideia ou de um investidor, essa experiência pode prejudicar a autoestima e minar a autoconfiança, por isso sempre tentamos evitá-la. Alguns medos que me ajudaram a enfrentar a rejeição nesse projeto foram: pedir dinheiro a estranhos na rua, ir a um evento de *networking* sozinha, distribuir panfletos no metrô, candidatar-me a empregos nas empresas mais competitivas, barganhar numa feira de rua (sou péssima nisso) e enfrentar as *trollagens* na internet. Se o seu maior medo é enfrentar rejeição e críticas, meu amor, os capítulos 5 e 8 são ideais para você.

SOLIDÃO

Ficar sozinha é uma coisa que me assusta muito. Prefiro passar *horas* com alguém que não suporto a ficar sozinha. É sério! Para enfrentar esse medo e saber o que significa estar só, fui ao teatro, ao cinema e até mesmo a Chinatown sozinha, sem o celular. O maior desafio que me impus em relação a esse medo foi viajar sozinha para passar o fim de semana em uma nova cidade e explorar cada canto dela. Algumas pessoas apreciam, e até acham necessário, passar um tempo sozinhas para recarregar a bateria, mas não sou uma delas.

NOJO

Pensar em uma coisa que me dá nojo é sair totalmente da minha zona de conforto, então é uma situação que prefiro evitar. As coisas que eu acho totalmente nojentas talvez sejam deliciosas, divertidas ou mesmo fascinantes para você. Por exemplo, comer ostra. O nojo de comer aquela criatura viscosa do mar está fora da minha zona de conforto!

Ou ir ao banheiro em um estádio de beisebol. Espera, eu disse banheiro? Quis dizer cabine sanitária. E, por falar em sanitário, troquei uma fralda com cocô do bebê de um amigo... nojento. E, pior que isso, comi insetos. Sim, comi grilos crocantes. E usei pauzinhos porque o que mais se pode usar para pegar um inseto salgado no prato? Você nunca pensou nisso, né?

CONTROLE

Levante a mão se você também quer controlar tudo na sua vida.

Com certeza ninguém levantou. Porque os "loucos" por controle *nunca* levantariam a mão em público. O medo de não estar no controle é que não nos permite viver no presente e, por isso, é desse que vou falar primeiro. Antes de encarar de fato os outros medos, precisamos tomar a decisão de aproveitar ao máximo a única vida que temos. **Quanto mais tentarmos controlar a vida, menos seremos capazes de aproveitá-la.**

Alguns desafios que me impus em relação ao controle, ou melhor, à falta dele, foram: me jogar sobre a multidão em um *show*, pedir para uma pessoa planejar meu dia, andar em Nova York com os olhos vendados, montar em um touro mecânico, "envelhecer" e me tornar uma empresária.

Agora que você entende quais são os sete medos principais de que estou falando, quero que os classifique de acordo com a sua própria zona de conforto. De 1 a 7, sendo que 1 é *"claro que aguento"* e 7 é *"prefiro morrer, tô fora!"*.

_____ DOR
_____ PERIGO
_____ VERGONHA
_____ REJEIÇÃO
_____ SOLIDÃO
_____ CONTROLE
_____ NOJO

Tem um componente que paira sobre todos esses medos como uma nuvem escura: o desconhecido. A verdade é que, quando tememos algo que nunca tentamos antes, é porque não sabemos qual será o resultado. A falta de controle (de que falarei depois) piora tudo, mas, em um sentido mais amplo, é isso que está por trás de todos os medos.

O desconhecido

Antes de enfrentar meus medos, eu dizia que não gostava de um monte de coisas, mas a verdade é que nunca tinha experimentado! Só depois que experimenta e descobre no que está se metendo é que você pode dizer se gosta ou não. Por exemplo, desde criança tenho medo de montanha-russa, então, por causa do meu medo nº 55, experimentei a montanha-russa de Coney Island, que é super-rápida e radical, e... odiei. Agora, posso dizer não que tenho medo, mas que simplesmente não gosto disso.

O oposto aconteceu quando segurei Honey-Pepper, a tarântula. Pensei que ia morrer pouco antes de o bicho tocar no meu braço, mas não apenas sobrevivi como gostei da experiência e até pensei em ter uma. Não acho que nossa vida agitada tenha espaço para *qualquer* tipo de animal de estimação, mas eu já tinha dado um nome para ela: Spandex.

Nossa zona de conforto aumenta quando enfrentamos os medos e diminui quando nos limitamos. O problema é que, **a cada minuto que passa, a ignorância aumenta ainda mais o medo!** A única maneira de saber se gostamos ou não de algo é experimentando. Agora, não estou dizendo que temos de experimentar absolutamente *tudo*, mas, se você está deixando de fazer algo na vida que sempre sonhou em fazer porque tem medo, precisa resolver isso. Calma! Não vou jogar uma tarântula em cima de você agora! Continue lendo este livro, e, aos poucos, você vai ver que o desconhecido não precisa ser tão assustador afinal.

Para mim, o medo também costumava ser sinal de que alguma coisa ruim vai acontecer. Agora entendo que a sensação de medo também pode ser sinal de crescimento, progresso e oportunidade. Descobri que, **quanto mais dizemos SIM às novas experiências, mais permitimos que outros sentimentos entrem em cena.** Surpresa, liberdade, curiosidade, vulnerabilidade, empolgação, confiança e proximidade são algumas emoções que eu quase não tinha experimentado antes na minha vida. O medo tomava conta de mim e não sobrava lugar para os outros sentimentos.

No entanto, para mudar a nossa percepção do medo e dar lugar a outros sentimentos, precisamos aceitar o desconhecido, mesmo que isso signifique abrir mão do controle.

QUANTO MAIS **DIZEMOS SIM** ÀS NOVAS **EXPERIÊNCIAS,** MAIS PERMITIMOS QUE OUTROS **SENTIMENTOS** ENTREM EM CENA.

empolgação

conexão

surpresa

confiança

liberdade

curiosidade

vulnerabilidade

ESTAR NO CONTROLE

O que mais nos assusta com relação ao desconhecido é a ideia de não estar no controle, e esse é o medo que quero explorar até o fim deste capítulo porque é o que mais me impedia de aproveitar a vida ao máximo.

Você sabe o que é *aproveitar a vida ao máximo*?

Agora posso dizer que sim, mas, nos primeiros vinte e cinco anos de minha existência, não. Nem mesmo no dia do meu casamento. Porque, sem perceber, ter controle sobre tudo era minha prioridade. Para mim, ter controle significava não deixar nada ao acaso e fazer o possível para que as coisas acontecessem do jeito que eu queria. Sempre estar um passo à frente. O problema? **Quando você vive um passo à frente, não aproveita o momento presente.**

Se você é daqueles que pensa no que vai ter para o jantar enquanto está almoçando, saiba que é como eu. E, infelizmente, podemos ter a comida mais deliciosa no almoço que não vamos saboreá-la direito se ficarmos pensando no que vamos jantar. E, assim, a vida passa e nós nem percebemos.

Um comentário que comecei a ouvir, e *dizer*, cada vez mais conforme ficava mais velha é: "Este ano passou tão rápido!". A vida parecia tão longa quando eu era criança, mas, depois que me formei na faculdade, os anos começaram a voar. Você se identifica? Se sim, preste atenção e, se não se identifica porque tem, tipo, 12 anos de idade, veja só: isso vai acontecer com você também (sem querer te assustar, tá?)!

MINHA PRÓPRIA TEORIA DO TEMPO

Sabe aquela história de que o tempo voa quando estamos nos divertindo, mas não passa nunca quando está chato? No curtíssimo prazo, com certeza. Mas, no longo prazo, e com base na minha própria experiência de vida enfrentando o medo diariamente, percebi que nosso cérebro armazena as memórias de duas maneiras diferentes: sozinhas e em blocos.

BLOCOS DE MEMÓRIAS: O cérebro guarda na memória vários momentos semelhantes da vida em uma mesma caixa, fazendo com que pareçam UMA só lembrança! Isso acontece principalmente quando fazemos algo parecido toda vez, todos os dias. Daí, quando olhamos para trás, só vemos umas duas "caixas" ali e pensamos: o que aconteceu com esse ano?

MEMÓRIAS SOZINHAS: Quando fazemos coisas diferentes, ou fazemos as coisas de modo diferente, o cérebro armazena esses momentos em caixas separadas, criando memórias duradouras que fazem o tempo parecer *maior*. Quando olhamos para trás e vemos aquele monte de caixas, pensamos: "Nossa! Ainda estamos em março? Para mim, já parece outubro!".

Agora, tente se lembrar de uma vez em que você estava em sua mesa de trabalho ou escovando os dentes pela manhã.

Fácil, né?

Bem, acontece que você não pensou numa ocasião específica em que fez isso. Na verdade, você se lembrou de todas as vezes em que fez a mesma coisa. Elas se tornaram *uma* memória (uma caixa), diferentemente daqueles momentos especiais únicos! Agora tente se lembrar de uma coisa maravilhosa que você viveu, como seu primeiro beijo, o dia em que deu à luz ao primeiro filho ou a viagem que fez à Tailândia (ou a qualquer outro lugar memorável). Provavelmente, consegue se lembrar até do que estava vestindo ou pensando naquela hora, porque essas experiências foram guardadas em uma caixa SÓ para elas!

Como a *Scientific American* explica, segundo uma pesquisa da escritora e apresentadora britânica Claudia Hammond, "o cérebro guarda na memória as novas experiências, mas não as já conhecidas, e a noção do tempo se baseia nas novas experiências que ganhamos em um período. Em outras palavras, quanto mais experiências novas tivermos num fim de semana, mais tempo ele parecerá ter durado em retrospecto".

É isso que acontece quando somos crianças. Estamos sempre fazendo coisas novas e descobrindo a vida, por isso o tempo parece durar mais. Também podemos sentir isso quando saímos em férias. Você nunca teve a sensação de que estava há quinze dias num lugar quando, na verdade, só tinha passado três? Nós exploramos e fazemos *tanta* coisa todos os dias quando viajamos que fica difícil acreditar que só se passaram *três* dias! #doideira

Do dia em que me formei em 2011 até o dia em que me mudei para Nova York em 2014, tenho pouquíssimas lembranças. Todas foram armazenadas em blocos: eu no escritório, eu no meu apartamento saindo com Adam, eu no carro indo do ponto A ao ponto B, eu cantando em voz alta, eu brincando com minha sobrinha, eu jantando fora com meus amigos sempre nos mesmos lugares. Acabei de resumir três anos da minha vida em três linhas de texto. Acho isso meio triste. Claro, existem alguns momentos aqui e ali que se destacam nesses blocos de memórias, como minhas viagens de férias anuais, o dia do meu casamento e a noite em que minha primeira sobrinha nasceu. Mas, no geral, essa era a minha rotina, e esses três anos passaram muito rápido.

Depois que mudei para Nova York, a vida começou a acontecer.

Descobri um mundo totalmente novo, com pessoas e experiências diferentes. Sempre havia algo estranho (ou fascinante) acontecendo nas ruas, e até comecei a me sentir diferente. Os momentos de revelação, como o que tive no chuveiro, começaram a acontecer cada vez mais, e o tempo começou a passar mais devagar, como quando eu era criança. Um mês morando em Nova York parecia um ano, por causa de todas essas lembranças isoladas que eu estava acumulando.

Só depende de nós fazer a vida parecer mais longa ou passar voando diante dos nossos olhos. Basta realizar nossas atividades diárias de forma intencional e deixar de querer controlar tudo para mergulhar nas experiências que tornarão nosso tempo na Terra mais marcante, rico e significativo.

Quanto mais vivemos dentro dos limites da nossa zona de conforto, no modo piloto automático, mais rápido a vida passa. A melhor maneira de reduzir o ritmo é criar esses momentos de alegria que carregaremos conosco para sempre. Você pode criá-los para você e para as outras pessoas também.

E se você pudesse mudar sua rotina? *Melhor* ainda, e se fizesse algo diferente toda semana, ou mesmo todo dia, como parte da sua rotina? Por exemplo, e se em vez de sair para almoçar no mesmo lugar e com as mesmas pessoas, você se sentasse com um grupo de pessoas com quem nunca realmente interagiu? E se, para variar, depois de pegar seus filhos na escola, você abrisse mão do controle e os levasse a algum lugar inesperado e emocionante que eles sugerissem, em vez de fazer o que sempre faz? E se você pudesse dar uma festa surpresa para uma amiga que realizou um de seus grandes sonhos nesta semana? E se planejasse uma escapada romântica de última hora, em vez de esperar que, como de costume, seu parceiro ou parceira faça isso por você?

Sei exatamente o que você está pensando agora: *Quem tem tempo para isso? Eu não tenho!* Sou telepata? *Sim!* Ok, não. Apenas conheço as dificuldades que todos nós temos. Mas, independentemente disso, a questão é: **não depende de tempo, mas de vontade.** Todos nós temos o mesmo número de horas no dia e, por algum motivo, algumas pessoas conseguem fazer mais coisas do que outras. Então, eu digo: pare de jogar a culpa na falta de tempo e comece a fazer as coisas de forma *intencional* para criar lembranças únicas que durem anos e anos.

O planejamento (e a preocupação com isso) é secundário em comparação com a capacidade de se entregar ao momento e viver a experiência plenamente enquanto durar, o que era quase impossível para mim alguns anos atrás. Quer dizer, já que só se vive uma vez, ou YOLO (do inglês, *You Only Live Once*), podemos muito bem aproveitar melhor esse tempo na Terra.

NÃO É

QUESTÃO DE

tempo.

vontade.

É QUESTÃO DE

YOLO

Preste atenção: **a vida tem data de validade.** Estas são as 7* coisas que me ajudaram a VIVER no presente.

1. Saia da porcaria da zona de conforto

Quando planejamos experiências que são familiares, e repetidas, provavelmente: (1) elas não serão muito marcantes e (2), no meio, você não prestará muita atenção. Mas, se planejarmos algo que nunca fizemos antes, pode não ser tão fácil, mas garanto que: (1) essa experiência será única e (2) sua mente estará tão ocupada com a novidade que você *não* terá escolha senão prestar atenção.

Foi exatamente isso que aconteceu comigo no projeto de 100 dias. Num dia, desci as Montanhas Rochosas no interior do estado de Nova York; no outro, aprendi a pilotar um avião e, no outro, dei uma aula de zumba pela primeira vez para 100 pessoas no meio da Sixth Avenue. Minha mente estava no presente o tempo todo. Toda a minha atenção estava *totalmente* voltada para a atividade que *só* aconteceu naquele dia, não no próximo desafio nem no anterior.

2. Aproveite a viagem, seja qual for o destino

É difícil para mim comemorar minhas próprias conquistas. A verdade é que, no meu entender, a vida não consiste em uma série de realizações, mas no caminho para chegar lá. Na verdade, considero a realização

---

*   Acho que tenho um relacionamento sério com o número 7.

a parte mais *chata*, porque significa que a experiência acabou. Posso não comemorar minhas realizações, mas comemoro o processo diário.

Por exemplo, sempre que Adam e eu viajamos a lazer, definimos algumas metas para cada dia: visitar um museu, passear pelo mercado, ir a um restaurante delicioso, tirar uma foto da natureza, passear de bicicleta pela cidade, ir a um *show* e sempre fechar o dia vendo o sol se pôr atrás das montanhas.

O jeito do Adam: Vamos de ônibus! Fiz uma pesquisa e vi que essa é a maneira mais rápida de chegar ao museu.

Meu jeito: Vamos a pé! Assim, podemos dar uma parada para tirar uma foto, falar com as pessoas do lugar, visitar as lojinhas, comprar alguma lembrança, experimentar a comida de rua, entrar num *tuk-tuk*, blá blá blá... e, se der tempo antes do pôr do sol, podemos ir ao museu!

Talvez seja por isso que nos damos tão bem (como dizem, os opostos se atraem). Não estou dizendo que o certo é o meu jeito... mas é *óbvio* que estou dizendo isso. O Adam, inclusive, muitas vezes me agradece por encorajá-lo a valorizar as pequenas coisas ao longo do caminho e fazê-lo ver que **o destino é só uma desculpa para começar a caminhar.**

Essa maneira de encarar a vida não serve só para as viagens. Você pode aplicá-la também ao trabalho ou aos estudos. E se, em vez de querer terminar logo o serviço, tivéssemos prazer em fazer? Imagine quanto a vida seria melhor assim! Uma forma de mudar de perspectiva e nos sentir mais gratos pelas coisas que "temos" de fazer é reformular a frase.

Em vez de pensar "eu tenho de fazer", pense "eu quero fazer", "eu decidi fazer" ou "tenho o privilégio de fazer".

"Tenho de viajar a trabalho" → "Tenho o privilégio de viajar a trabalho."

"Tenho de ajudar meu filho a fazer o trabalho da escola" → "Posso ajudar meu filho a fazer o trabalho da escola."

"Tenho de planejar o aniversário do(a) meu(minha) companheiro(a)" → "Quero planejar o aniversário do(a) meu(minha) companheiro(a)."

Pensar nessas coisas como um privilégio ajuda a valorizar o que temos e a ter prazer em fazer, em vez de ficar tenso e querer logo terminar.

3. Trate este momento como se fosse o último

"Michelle, qual é o seu maior medo, NA REAL?"

Conforme meu projeto chegava ao fim, comecei a me fazer cada vez mais essa pergunta. Para ser totalmente sincera, meu maior medo é perder um ente querido e ter de continuar a levar a vida, e precisei de coragem para dizer isso abertamente. Para enfrentar esse medo — sem, é claro, matar minha mãe ou meu pai —, decidi escrever uma carta muito sincera para meus pais (que estão vivos e com saúde). A ideia era dizer a eles não só quanto eles são importantes para mim, mas também o que eu gostaria de mudar em nosso relacionamento para aproveitar ao máximo nosso tempo juntos na Terra.

Essa carta mudou o relacionamento que tenho com meus pais, e ainda não consigo acreditar no impacto que continua causando. Meu pai, que tinha dificuldade em expressar seus sentimentos com palavras, tornou-se o pai mais amoroso que eu poderia imaginar. E minha mãe, que normalmente é muito tensa, tornou-se bem mais otimista comigo.

Se você soubesse que hoje é seu último dia na Terra e a última vez que experimentaria a vida como ela é, como apreciaria cada prato, cada telefonema, cada xícara de café, cada interação humana, cada elogio, cada sorriso e cada oportunidade de aproveitar o momento presente? Sei que essa ideia é meio mórbida, assustadora e até clichê, mas a verdade é que não sabemos realmente quando será o nosso último dia ou o último dia que teremos para estar com nossos entes queridos. Então, por que esperar que ele chegue para valorizar cada momento, se podemos começar agora? Essa perspectiva me ajuda a estar mais presente e apreciar cada instante, sem ter de planejar ou querer controlar o próximo.

4. Não subestime o tempo

O tempo é a coisa mais preciosa que temos, e a que mais subestimamos. Digamos que, um dia (que Deus nos livre), você perca todo o seu dinheiro. Se trabalhar duro, provavelmente conseguirá recuperá-lo. Você pode até ganhar mais do que tinha antes. O tempo perdido *não pode ser recuperado*. Portanto, para viver totalmente no presente, levo meu tempo a sério e não o vendo barato.

Dizer *"aí, SIM!"* para uma oportunidade não é o mesmo que dizer *"então tá"* e não ligar muito para o que você vai fazer. Se você não ligar muito para as coisas que faz, sua vida passará num piscar de olhos. Ouse descobrir coisas, pessoas e atividades que fazem você dizer *"aí, SIM!"*, e faça tudo com vontade suficiente para dedicar um bom tempo a elas.

5. Pense em aproveitar

Lembra que falei do meu casamento e que não gostei muito desse dia? O que aconteceu foi que, na época da cerimônia e da festa, eu ainda queria controlar as coisas que aconteciam comigo, em vez de me entregar à experiência. A menos que você trabalhe como gerente de eventos, meu conselho é fazer o melhor *antes* do evento para que, quando chegar a hora, você possa realmente aproveitar a ocasião. Portanto, em vez de querer controlar as coisas antes, *durante* e depois de cada acontecimento ou atividade, na próxima vez que você pensar em fazer uma reunião com amigos, uma apresentação no trabalho ou a festa de aniversário do seu filho, **pense que vai se divertir com a experiência também.**

6. Primeiro viva e depois registre

Se você é tão conectado à internet quanto eu, cuidado! Não tem problema fazer várias coisas ao mesmo tempo, mas **compartilhar** o momento e **viver** o momento são duas coisas que não andam juntas. Quando publicamos algo, e me refiro às redes sociais, o objetivo é compartilhar uma experiência com os outros, com quem não está lá com você. Portanto, torna aquela pequena experiência ainda menor para mostrar aos outros o que eles estão perdendo. Por que compartilhar ao vivo, enquanto ainda está acontecendo, se você pode perfeitamente fazer isso depois? Sempre que compartilho minhas experiências em tempo real, me arrependo. Porque: (1) acabo perdendo parte da ação e daí fico, tipo, *"espera, o que aconteceu?"*, e (2) publico com tanta pressa que acabo errando alguma coisa ou não contando a história direito.

Fui a um *show* do Bruno Mars, em Las Vegas, em que o público tinha de guardar o celular para entrar no local. *Não tinha alternativa* senão deixar o celular *guardado* dentro de um saquinho de tecido. Já viu isso? Para ser honesta, fiquei revoltada quando vi. Mas daí o *show* começou e o Bruno falou do clima que isso tinha criado. Ele disse: "Sei que vocês estão com raiva de mim por tirar o celular de vocês. Sinto muito! *Não é* que eu não queira que divulguem imagens do *show*. Meu objetivo é fazer com que vocês aproveitem *totalmente* o tempo que passaremos juntos agora. Quero que vocês dancem e cantem comigo. Quero que estejam tão presentes quanto eu, em vez de ficarem compartilhando essa experiência pelo celular com as pessoas em casa. Tudo bem? Vamos nessa!"

Posso dizer com certeza que, exatamente por isso, esse foi o melhor *show* a que já assisti. Obrigada, Bruno Mars.

7. Faça o que você gosta como se ninguém estivesse olhando

Alguma vez você já fingiu ser de um jeito que na verdade *não é* só por causa do que as pessoas poderiam pensar? A gente fica completamente exausto depois, porque estava mais preocupado com a reação dos outros do que consigo mesmo.

Vou contar sobre o dia em que, pela primeira vez, curti totalmente o momento presente, e sozinha!

Era o 49º dia do meu projeto e recebi um *e-mail* de um amigo da faculdade com quem não falava há anos:

Oi, Michelle! Vou a Nova York por uma noite. Tenho acompanhado seu projeto e desafio você a ir à Times Square hoje à noite e dançar COMO LOUCA na frente de todo mundo. Talvez eu entre na dança!

Pensei: *por que não?*

Baixei uma música bem agitada, com uma batida bem forte, e fui para a Times Square, o ponto turístico mais visitado de Manhattan. Chris Brinlee, alpinista e ex-colega de classe, estava esperando por mim em frente à famosa loja da M&Ms, pronto para curtir o *show*. Coloquei meu fone de ouvido, aumentei o volume da música e comecei a dançar como se estivesse em casa na frente do espelho (como sempre faço). Quase *morri* de vergonha no começo. As pessoas ficaram olhando para mim como se eu tivesse enlouquecido, enquanto Chris ria e curtia a cena. Então, continuei dançando, fingindo que ninguém estava me olhando e imaginando que estava gravando um videoclipe. Um minuto depois, comecei realmente a entrar na música, no clima, na noite e, de repente, outras pessoas começaram a se juntar a mim!

Chris não estava acreditando e, como não queria ficar de fora, entrou na dança também! Dali a pouco, aquilo acabou virando uma balada no meio da Times Square. Até o Homem-Aranha e o Elmo participaram! Vai ver eles também são da Venezuela ou de Porto Rico, porque dançaram no mesmo ritmo que eu, o *reggaetón*.

A música acabou e eu nem percebi. Continuamos dançando por mais uns dez minutos, que pareceram horas. No final, me senti totalmente livre e feliz, como nunca havia sentido. Até pensei comigo: *é isso que significa aproveitar a vida ao máximo.*

A lição que aprendi naquele dia foi a de que aquilo só aconteceu porque consegui esquecer da vergonha e da vontade de querer controlar o que as pessoas pensam de mim. Descobri que, **para aproveitar a vida ao máximo, temos de fazer as coisas que gostamos como se ninguém estivesse olhando.** Quando esquecemos que outros estão nos observando e nos julgando, fazemos as coisas com vontade e *paixão.* Não só fazemos melhor as coisas, mas também aproveitamos muito mais cada momento.

Não vou desafiar você a dançar no meio da rua mais movimentada e visitada da sua cidade. Mas o que você adora fazer? E se pudesse fazer isso como se ninguém estivesse olhando ou julgando? Você pratica algum esporte ou toca algum instrumento? Você gosta de representar, dançar ou cantar? Você gosta de pintar? Cozinhar? Escrever? Seja o que for, faça como se ninguém estivesse olhando. Pode exigir uma dose extra de coragem, mas a satisfação será tão grande que você vai se sentir realmente vivo.

Essas sete dicas me ajudaram a viver mais no *presente.* Mais do que isso, **hoje posso dizer que realmente vivi.** Minha esperança é que, depois de ler este livro, você também possa dizer que **realmente viveu.** Mas, para isso, é preciso estar disposto a abrir mão do controle e embarcar nessa jornada muito particular, que colocará você diante do desconhecido, mas também de uma vida muito mais gratificante.

faça o que você
GOSTA
como se ninguém
estivesse olhando

UM

PRINCIPAIS *lições*

Acesse a página disponível em inglês *hellofearsbook.com* para explorar outras atividades que dão vida a este capítulo.

ESCANEIE!

→ Ouça a música "I Lived" do OneRepublic (não precisa ser no chuveiro, tá?).
→ Dê uma olhada em meu plano original de dez anos e na carta original que escrevi sobre meu único obstáculo.
→ Assista ao *vlog* que fiz sobre apreciar a vida no dia em que o melhor amigo do meu pai faleceu.
→ Confira a minha lista com os 100 medos e outros projetos incríveis de 100 dias que eu sigo.
→ Veja a animação que eu fiz sobre minha própria teoria do tempo.

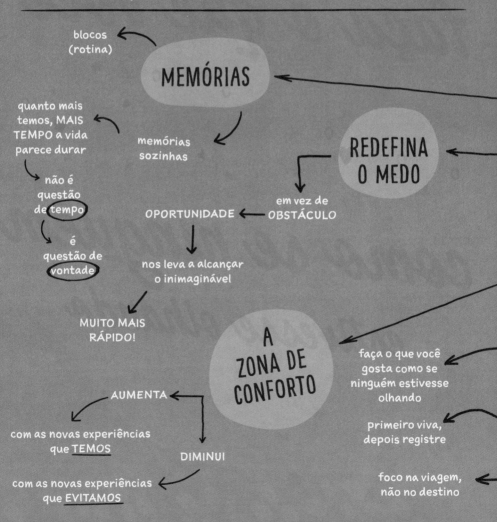

blocos (rotina)

MEMÓRIAS

quanto mais temos, MAIS TEMPO a vida parece durar

memórias sozinhas

REDEFINA O MEDO

não é questão de tempo

é questão de vontade

em vez de OBSTÁCULO

OPORTUNIDADE

nos leva a alcançar o inimaginável

MUITO MAIS RÁPIDO!

A ZONA DE CONFORTO

faça o que você gosta como se ninguém estivesse olhando

AUMENTA

com as novas experiências que TEMOS

primeiro viva, depois registre

DIMINUI

com as novas experiências que EVITAMOS

foco na viagem, não no destino

DOIS

E aí, ~~destemida~~ CORAJOSA?

COMO INFLUENCIAR PESSOAS POSITIVAMENTE

ERA O 95º DIA DO meu projeto, para você ter uma ideia de quanto evitei esse medo. Aluguei um carro e segui para o norte por cerca de duas horas até esse parque aquático incrível. Meu objetivo era enfrentar um medo que tenho evitado nos últimos vinte e seis anos da minha vida: saltar de um penhasco.

Chegamos ao parque, mas estava *superlotado*! Claro (que boba!), era o último dia de funcionamento da temporada. U-huuuu! Peguei um maiô, três máquinas GoPro e uma bolsa cheia de coragem. Fui com o Adam e meu amigo Tito. A ideia era que Tito filmasse a minha queda de baixo e Adam, de cima.

Toda a minha vida evitei trampolins, penhascos e montanha-russa — *bungee jump* ou paraquedismo (que acabei fazendo), então, nem pensar! Alguém mais odeia aquele frio no estômago que dá quando você está em queda livre? Pois é, mas, para o meu projeto de 100 dias, eu disse que enfrentaria TODOS os medos que evitava, certo? E esse tinha de fazer a diferença.

Adam e eu subimos o morro, entramos na fila e esperamos minha vez de pular. Tito se posicionou dentro do lago, logo abaixo do penhasco, para ter um bom ângulo de filmagem. Trinta minutos depois, havia um monte de criança na fila atrás de mim e uma queda de sete metros à minha frente. Era a minha vez.

— Oi, moça. Você vai pular ou não? — o salva-vidas estava ficando irritado com a minha indecisão.

Tenho quase o triplo da idade das crianças que estavam na fila, crianças que estavam ansiosas para correr, pular e mergulhar, e lá estava eu, completamente *paralisada*. Continuei dizendo aos meus pés para pularem, mas eles não queriam obedecer.

Você já ficou assim, "travado" de medo? Você quer dar um passo, sabe que é isso o que tem de fazer, mas não consegue de jeito nenhum.

Isso me lembra de quando eu trabalhava com publicidade e senti que estava na hora de pedir um aumento. Eu vi meu chefe lá, na sala dele, meio à toa, e pensei: **agora, Michelle, vai**! Mas eu estava petrificada de medo e não conseguia me mexer para ir até lá... muito menos para saltar daquele penhasco idiota!

Comecei a deixar as crianças que estavam atrás de mim passarem na frente. Eu precisava de mais tempo, ou talvez de mais coragem. Mas eu não era a única que estava sofrendo. O Tito estava ficando cada vez mais enrugado, como quando ficamos de molho na banheira por mais de cinco músicas. Ele estava se arrependendo da hora em que pensou que enfrentar um medo comigo seria *divertido*.

Eu me virei e disse a Adam que deveríamos ir embora. Quer dizer, depois de enfrentar com sucesso 94 medos, pensei que estaria *ok* dizer que não conseguiria enfrentar *um* só. Espere um pouco. Posso dizer que enfrentei o medo de não conseguir enfrentar um medo, certo? *Por favor, diga sim,* pensei comigo.

— Michelle, nós não vamos embora! Temos mais três horas até o parque fechar. Anda. Pula, por favor. Já está ficando meio estranho.

O salva-vidas ouviu a conversa e acrescentou:

— Vai! Até as crianças estão saltando!

Até as crianças estão saltando? Isso era para me estimular de alguma forma? Essas crianças podem ser pequenas, mas vê-las pular do penhasco sem o menor medo não me anima nem um pouco.

Naquele momento, uma garotinha que parecia ter uns 12 anos foi à frente para dar uma espiada e ver se o penhasco era muito alto. Ela estava tremendo, sozinha e claramente em dúvida. Dei aquela "olhada" para ela, como quando você vê alguém com um sapato igualzinho ao seu? Estávamos congeladas de medo e totalmente na dúvida do que fazer. "Graças a Deus não sou a única morta de medo neste parque!", pensei. "Vamos ficar superamigas e comer um bolo ou fazer algo menos arriscado do que saltar!"

Mas, logo depois, a garota foi para a beira do penhasco de novo, olhou para baixo, fechou os olhos e, quando vi, ela já tinha pulado! *Puxa vida!*

A coragem dela era exatamente o que eu precisava ver para enfrentar meu medo. Se ela conseguiu, por que eu não conseguiria? Então, falei para o Tito começar a gravar.

E contei.

1...

2...

Fui para a beirada... mais uma vez.

3...

Olha, a garota sobreviveu. Ufa!

4... (às vezes você precisa de 4)

O salva-vidas revirou os olhos... de novo.

E

fui,

pulei.

Gostei? *Não.*

Doeu? *Muito.* A queda foi tão longa que, no meio do caminho, por um momento, pensei que já estava afundando na água, então, enquanto ainda estava no ar, tive a "brilhante" ideia de abrir as pernas para "nadar" e... TCHIBUM! *ai*

Eu me arrependi? Como poderia? Naquele dia, aprendi uma lição valiosa sobre liderança que me ajudou a transformar um projeto pessoal em uma empresa e em um movimento. Naquele dia, uma garota desconhecida me ensinou a usar minha coragem para motivar outras pessoas. Naquele dia, aprendi a importante diferença entre as palavras *destemido* e *corajoso*. Bem-vindo ao Capítulo 2.

DESTEMIDO *VS* CORAJOSO

DESTEMIDO (adj.)
/des.te.mi.do/
que não teme

CORAJOSO (adj.)
/co.ra.jo.so/
que não demonstra medo

Uma coisa que ouço muito agora é: "Lá vem minha amiga destemida!". Como encarei 100 medos, as pessoas logo pensam que SOU DESTEMIDA. Toda vez que ouço isso, sorrio (rio por dentro) e mudo sutilmente de assunto. Internamente, porém, reparo em todos os medos que estou sentindo naquele momento e lembro como foi difícil enfrentar 100 desafios, dois anos antes. Eu balanço a cabeça e penso: *ah, se elas soubessem que sou o oposto de destemida.*

Nós não somos destemidos nem medrosos. O medo faz parte da natureza humana. Além disso, é ele que nos torna diferentes: enquanto algumas pessoas procuram um emprego em tempo integral por medo da instabilidade da autonomia, outras fogem disso por medo de ficarem presas a um lugar, a um chefe, a horário e salário (eu). Algumas pessoas adoram gatos, outras são altamente alérgicas a eles (eu também).

Às vezes, o medo serve apenas para nos proteger. Por exemplo, o medo de engravidar nos lembra de ter cuidado na relação sexual. O medo de passar vergonha nos lembra de verificar a ortografia antes de enviar um *e-mail* importante. O medo de ficar doente nos lembra de tomar vitamina época da gripe. Esses medos nos protegem e nos guiam.

O medo também pode ser muito particular. Recentemente, descobri que algumas pessoas que me conhecem nunca imaginaram que eu poderia ser medrosa. Na verdade, elas me viam como uma "garota corajosa". Acontece que as duas pessoas que chamaram a minha atenção para isso sofrem um pouco de ansiedade social, e eu sempre fui muito sociável. Como eu me considerava uma adolescente medrosa, não fazia ideia de que meus amigos íntimos me achavam corajosa.

Por outro lado, considero minha melhor amiga extremamente corajosa! Ela decidiu se divorciar para "se encontrar" e, depois, viajou sozinha por toda a Europa. A ideia de viajar sozinha já me assustaria muito, sem falar no divórcio! Mas, para ela, foi libertador. A coragem é relativa!

Não gosto muito quando alguém me chama de destemida não só porque sei muito bem que não me encaixo nessa definição, mas também porque sinto como se **minha coragem fosse subestimada**. Eu NÃO fui destemida no dia em que pulei do penhasco ou quando larguei o emprego ou ao fazer uma palestra no TEDx no 100º dia do projeto. Nossa, isso exigiu muita CORAGEM.

Por alguma razão, as pessoas costumam confundir os termos destemido e corajoso e, infelizmente, preferem a palavra *destemido*. Talvez

Ser CORAJOSO

É QUANDO APESAR DO *medo*, TEMOS A *coragem* DE TOMAR UMA *atitude*, E ISSO É MUITO MAIS *forte* E *impressionante* DO QUE SER DESTEMIDO.

soe melhor. Às vezes, gostaria de ser destemida. Minha vida seria menos complicada e eu sentiria menos frio na barriga. Mas, no fim das contas, a palavra *destemido* não diz nada: é aquele que faz uma coisa sem medo.

Corajoso é aquele que, apesar do medo, tem a bravura de fazer, o que é bem mais forte e inspirador que ser destemido.

EXERCÍCIO

Você já pensou em quais áreas da sua vida se considera **destemido**, em quais diria que é **medroso** e em quais é **corajoso**? Escreva algumas áreas da sua vida para cada categoria.

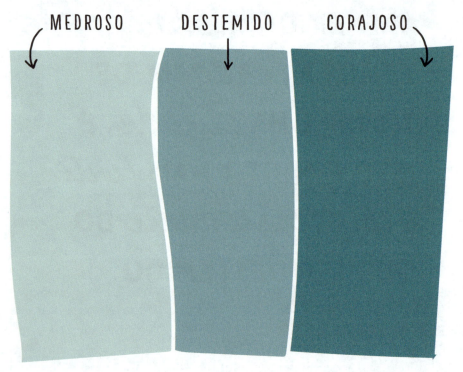

MEDROSO   DESTEMIDO   CORAJOSO

Depois de incluir alguns itens no gráfico, peça a duas pessoas próximas a você que respondam à pergunta anterior. Pergunte em quais áreas da sua vida elas consideram você destemido, medroso e corajoso. Assim como meus amigos me consideravam corajosa no âmbito social da vida, seus amigos, mentores ou parentes também podem ter uma ideia diferente de você.

A coluna do medo vai mudar quando você terminar o livro se, é claro, estiver realmente disposto a trabalhar. Porque, se me perguntassem alguns anos atrás se eu estaria disposta a enfrentar meus próprios medos, eu responderia com um grande NÃO. Na verdade, cresci pensando que era normal as meninas sentirem e demonstrarem medo, enquanto os meninos... deveriam ser fortes, corajosos e durões.

GRAÇAS A DEUS SOU MULHER

Quase todas as decisões que tomei na vida foram baseadas no medo. Por exemplo, eu me afastava das crianças que tinham cachorro grande e fazia amizade com as que tinham animais de estimação como peixinhos ou tartarugas. Até parece! Na verdade, o critério era *nenhum animal de estimação*, e não parava por aí. O medo determinava a maioria das coisas na minha vida: o que eu vestiria, o que comeria e para onde iria. Sempre imaginei que, se fosse menino, *os moleques zombariam de mim por ser TÃO medroso. Obrigada, meu Deus, por ter nascido menina!*

Mas você sabia que o nível de medo das meninas e dos meninos é praticamente o mesmo? O problema é que a sociedade permite que as meninas mostrem que têm medo, por causa da suposta fragilidade feminina, e espera que os meninos o escondam. Então, eu *nunca* escondi o fato de que tinha medo das coisas. Em vez de lutar contra esse estereótipo, usava como desculpa para ficar longe das situações desconfortáveis.

Agora entendo que **fui covarde e sexista** tentando me defender do mundo.

Felizmente, as coisas estão mudando e, muito em breve, *nenhuma* garota crescerá com essa mentalidade. O movimento feminista está ajudando as meninas a serem fortes, orgulhosas e corajosas. As campanhas publicitárias, como #LikeAGirl da Always (P&G) ou "I Will What I Want" da Under Armour, estão reforçando a ideia de que as meninas não são fracas, frágeis ou perfeitas, mas tão poderosas quanto os meninos.

Entretanto, nós, mulheres, não podemos contar apenas com as campanhas publicitárias e nos deixar levar pelas mensagens. Temos a responsabilidade não apenas de exigir igualdade, mas também de nos defender e nos posicionar dessa forma, de sermos tão fortes, determinadas, motivadas e corajosas quanto se espera que os homens sejam.

Ser mulher, hoje, significa provar que o patriarcado está errado, ajudar outras mulheres a terem sucesso e dar o exemplo. Porque ser mulher não é desculpa para ficar na zona de conforto, mas um motivo para sair dela.

O único problema é que, da mesma forma que a sociedade esperava que os meninos fossem *destemidos* anos atrás (criando homens que reprimem os sentimentos e as fraquezas), agora encontramos algumas mensagens que exigem o mesmo das meninas.

Você já ouviu falar da estátua Fearless Girl (garota destemida) que colocaram em Wall Street? Aquela que ficou diante do famoso touro? Foi uma ideia incrível para comemorar o Dia Internacional da Mulher e transmitir uma mensagem de empoderamento para todas as meninas. Mas por que chamá-la de destemida? Ela não tem medo de enfrentar o emblemático touro gigante? Ou ela fez isso apesar do medo?

Quer dizer, pense na garota no penhasco que fechou os olhos e pulou de qualquer maneira. Ela era destemida? Não! Ela foi SUPER corajosa e, por isso, me motivou a agir.

Ela não me pressionou, não me recriminou por não pular, não sussurrou no meu ouvido uma citação inspiradora que encontrou no Pinterest nem prometeu me levar ao *shopping* depois. Ela simplesmente saltou.

Ela deu o exemplo. Ela influenciou meu comportamento com sua coragem.

INFLUENCIADORES

Outro dia, num jantar com amigos, eu disse algo relacionado ao fato de ser uma influenciadora. Naquele momento, uma amiga me disse que não posso simplesmente me autointitular influenciadora porque ela acha que isso não está "certo". *Como é? Você não pode achar que é um influenciador? Por que não?*

Um influenciador não é necessariamente uma celebridade do Instagram. É a pessoa capaz de **influenciar positivamente o comportamento ou as opiniões dos outros**, *on-line* ou *off-line*!

Eu não nasci influenciadora, mas me tornei uma logo cedo na vida, antes que as redes sociais se tornassem uma sensação, quando decidi deliberadamente compartilhar minhas descobertas, reflexões e ideias numa tentativa de ajudar e transformar as pessoas ao meu redor. Se você também gosta de compartilhar ferramentas, dicas, conhecimento, perspectivas e estratégias com outras pessoas, E as pessoas seguem seus conselhos, então, meu caro, você é um influenciador.

Por exemplo, minha amiga Mauren (sim, que já mencionei antes) sempre me diz para onde ir e o que fazer quando viajo, e eu sigo. Meu irmão Daniel é diretor de cinema e sempre me passa alguns truques de edição para tornar os vídeos mais cativantes. E eu sigo. Minha tia Doris adora me passar as dicas que ela descobre sobre ter uma vida mais saudável. E eu sigo! Essas pessoas me influenciam e tornam a minha vida diária muito melhor. Na verdade, elas me influenciam muito mais do que os *verdadeiros* influenciadores das redes sociais. É o que chamo de **liderança diária**. Você não precisa ter determinado cargo, doutrina ou prêmio para influenciar as pessoas próximas ou outras. Mas, infelizmente, nem todo mundo está disposto a compartilhar conhecimento. Algumas pessoas não conhecem seu valor, acham que os outros já sabem de tudo e pensam que suas ideias não são *muito* originais.

A boa notícia é que:

O mundo precisa da SUA contribuição. Não é perfeito? Isso ajudou você? Então ajudará outros. É uma coisa clichê ou comum? Leia o Capítulo 4 para saber como torná-la AUTÊNTICA. A verdade é que você pode não saber tudo, mas aposto que conhece três pessoas que se beneficiariam da sua ideia. E, se ajuda três, ajuda trezentas.

A única maneira de descobrir, no entanto, é contar a sua ideia, acreditar no seu valor e agir com as melhores intenções.

É por isso que os influenciadores são líderes tão corajosos. É assim que quero que todas as pessoas que lerem este livro se sintam no final. **Você que é pai tem a capacidade de influenciar positivamente seus filhos e o mesmo vale para amigos, irmãos, primos, colegas de classe, colegas de trabalho, pais, funcionários e/ou a pessoa que você ama.**

O segredo? Não esconda seu medo nem finja que não tem. Quando você revela seus verdadeiros sentimentos e emoções, mostra quem realmente É. Ser autêntico é o que o torna inspirador e acessível, por isso é muito mais importante mostrar coragem do que falta de medo. É isso que significa ficar vulnerável, e esse é o meu superpoder.

"Não há coragem sem medo."
— ERAGON

Outro dia, uma mulher veio falar comigo porque seu filho de 7 anos tinha medo de se apresentar na escola. Ela me disse que ficou chateada quando ele desistiu de participar pouco antes da apresentação. Então, perguntei a ela: "Quando foi a última vez que seu filho viu VOCÊ enfrentar o medo?". Uma semana depois, ela me mandou um *e-mail* contando que, no mesmo dia em que nos conhecemos, ela foi doar sangue e levou o filho junto. Ela contou para ele que tinha muito medo de agulha e

O MUNDO PRECISA DA SUA CONTRIBUIÇÃO

mostrou que estava disposta a enfrentar esse medo por uma boa causa. Uma semana depois, o filho teve coragem de se apresentar para toda a escola, o que deixou a ele e a mãe muito orgulhosos.

Você pode dizer aos outros para serem corajosos, enfrentarem o medo e crescer. Você pode até fazer um discurso motivacional, mas eles só vão refletir a respeito e pensar em tomar uma atitude se virem que você enfrenta seus próprios medos. Quando você se sentir incomodado e começar a encarar abertamente os obstáculos, as pessoas ao seu redor farão o mesmo. Foi por isso que escrevi este livro: a fim de guiá-lo nessa jornada de vulnerabilidade, coragem e alegria para que se torne o líder que deveria ser.

LIDERANDO UM MOVIMENTO

A maioria das pessoas imagina que, para ser um bom líder, é preciso ser destemido. Inclusive, *liderar sem medo* é o tópico "da vez". As empresas vivem me chamando para falar sobre isso. Infelizmente, não acredito que exista liderança sem medo. O líder destemido é imprudente. Essa liderança é pouco inspiradora, inatingível e coloca a equipe em risco ao preparar os outros para o fracasso, em vez do sucesso. Devemos ser capazes de conhecer o medo para avaliar os riscos. Acredito em *liderança com coragem*, que incentiva as pessoas a assumirem riscos calculados, sabendo o que está em jogo e, portanto, sendo capaz de determinar com precisão se os possíveis resultados compensam os riscos.

O líder corajoso pode ser qualquer pessoa. Aquela garota no penhasco me inspirou a tomar uma atitude, assim como eu inspirei milhões quando contei minha experiência com o medo no YouTube. As visualizações saltaram de 100 para 5 mil e, depois, 500 mil. E isso só pode significar uma coisa: a coragem é valorizada. De repente, pessoas de todas as partes do mundo começaram a me marcar em vídeos em que enfrentavam seus medos e me agradeciam por tê-las inspirado. Quem diria que você poderia impactar outras pessoas apenas fazendo algo por si mesmo? Esse é o poder da coragem.

Então pensei: se minhas histórias inspiram tantas pessoas de diferentes culturas, línguas, condições socioeconômicas, crenças e situações, imagine então se eu usar a minha nova plataforma para compartilhar histórias de coragem de outras pessoas?

Foi assim que nasceu o *Hello Fears*, um movimento social em que as pessoas comuns se inspiram para enfrentar o medo e buscar aquilo que elas mais querem.

O movimento não é estático, ele se propaga. Uma história de coragem desencadeia outra que, por sua vez, inspira outra pessoa a agir, que então se sente capaz de compartilhar sua própria história de coragem para, com sorte, inspirar mais alguém. E o motivo pelo qual tantas pessoas se sentem atraídas por esse movimento não é o fato de todo mundo sentir medo, mas, sim, de saber que o que mais queremos está do outro lado e querer ser corajoso o bastante para, pelo menos, tentar conseguir isso.

Mas quem sou eu para liderar um suposto movimento?

Não sou Ph.D., psicóloga, sobrevivente de um evento traumático nem CEO de uma empresa da *Fortune* 500. Sou uma pessoa comum que decidiu correr atrás das coisas que mais queria e não deixou o medo entrar no caminho. Na verdade, nas minhas palestras, sempre me dizem: "Você é tão autêntica!". Pessoas de todas as idades e origens, homens e mulheres, me dizem isso. No início, eu não entendia. *Será que é um elogio?* Agora entendo que não é bom nem ruim, mas o que me torna igual, e isso é a única coisa que faz as pessoas pensarem: se ela conseguiu, *por que eu não conseguiria*?

Hello Fears **agora é uma comunidade de pessoas comuns que inspiram pessoas comuns.** Por isso, quero que você repare bem nos pequenos atos de coragem que vai realizar conforme ler este livro. É para isso que servem as próximas páginas em branco! Registre seus pequenos (e grandes) atos de coragem. Marque essas páginas para que você possa retornar facilmente e ver o seu progresso. No final da jornada, adoraria que você compartilhasse uma foto da sua lista. Vamos publicá-la em nossa plataforma e compartilhá-la com a comunidade *Hello Fears* para inspirar outras pessoas a fazerem o mesmo.

A vulnerabilidade nos torna humanos, e a coragem nos torna ambiciosos, mas a combinação das duas é o que nos torna verdadeiros líderes, como a garota do penhasco.

Pequenos (e grandes) atos de coragem

DATA DE INÍCIO: /   /

_____

_____

_____

_____

_____

_____

_____

_____

_____

_____

_____

_____

_____

_____

_____

_____

_____

_____

_____

_____

Acesse a página *hellofearsbook.com* para explorar outras atividades em inglês que dão vida a este capítulo.

→ Veja meu pulo de um penhasco fingindo que estou bem.
→ Veja uma compilação de vídeos de pessoas comuns enfrentando seus medos.
→ Acesse a página *hellofears.com* para ler, em inglês, a história de coragem de outras pessoas ou compartilhar a sua.

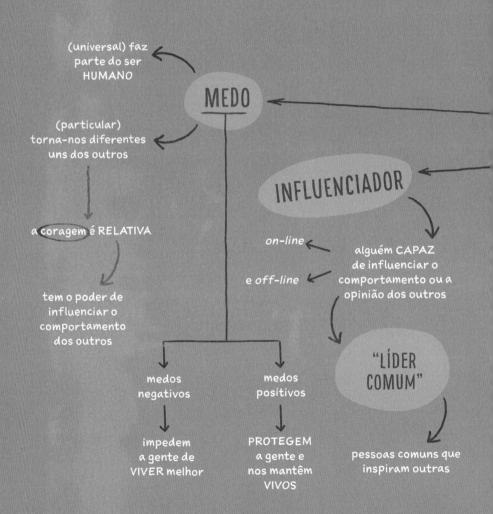

(universal) faz parte do ser HUMANO

(particular) torna-nos diferentes uns dos outros

a coragem é RELATIVA

tem o poder de influenciar o comportamento dos outros

MEDO

INFLUENCIADOR

on-line

e off-line

alguém CAPAZ de influenciar o comportamento ou a opinião dos outros

"LÍDER COMUM"

medos negativos

medos positivos

impedem a gente de VIVER melhor

PROTEGEM a gente e nos mantêm VIVOS

pessoas comuns que inspiram outras

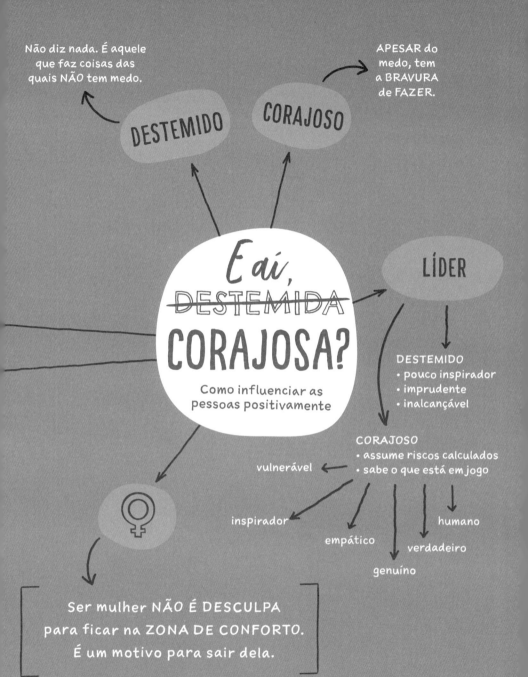

Não diz nada. É aquele que faz coisas das quais NÃO tem medo.

APESAR do medo, tem a BRAVURA de FAZER.

DESTEMIDO

CORAJOSO

E aí,
~~DESTEMIDA~~
CORAJOSA?

Como influenciar as pessoas positivamente

LÍDER

DESTEMIDO
• pouco inspirador
• imprudente
• inalcançável

CORAJOSO
• assume riscos calculados
• sabe o que está em jogo

vulnerável

inspirador

empático

genuíno

verdadeiro

humano

Ser mulher NÃO É DESCULPA para ficar na ZONA DE CONFORTO. É um motivo para sair dela.

TRÊS

E aí, — SOCIEDADE?

ESCOLHA SUAS PRÓPRIAS METAS

Vou beijar um menino quando fizer 15 anos. Aos 17 anos, terei meu primeiro namoro sério. Não farei sexo antes dos 18. Vou me casar (com esse namorado) logo depois de me formar na faculdade. Vou encontrar um bom emprego na minha área, trabalhar lá alguns anos e depois ter filhos aos 25, 26 anos... não, aos 25! Viveremos felizes para sempre. Fim.

VOCÊ TAMBÉM TINHA na cabeça uma lista de coisas importantes que queria fazer e a idade certa para cada uma? Eu tinha. E segui à risca! Ou quase.

O beijo aconteceu aos 14 anos. Namorado sério aos 17 (sim!). E sexo, bem, com 17 anos e 8 meses (por pouco!). Ficamos noivos seis meses antes de me formar na faculdade e nos casamos três meses depois de eu completar 23 anos. Ufa, eu estava no caminho certo!

Até... janeiro de 2012.

Apenas três meses depois de me casar, tive meu primeiro e, felizmente, último... ataque de pânico. Eu não fazia ideia do que era isso na época. Senti dor no estômago, calafrio e tontura, e meu coração disparou como nunca tinha acontecido. Minha mãe estava nos visitando em Miami e, quando me viu naquele estado, logo percebeu que se tratava apenas de um ataque de pânico e me ajudou a me acalmar.

Eu não entendia por que aquilo estava acontecendo, mas precisava descobrir! Decidi consultar um psicólogo imediatamente. Felizmente, minha mãe é psicóloga, por isso ninguém tinha qualquer preconceito quanto a isso na minha casa. Na verdade, parecia a coisa mais lógica a se fazer naquele momento. Minha mãe sempre dizia: "O melhor presente que você pode dar a qualquer pessoa é uma terapia". Com isso em mente, pensei: *Por que não?*

Antes desse incidente, tive uma experiência muito positiva de terapia aos 7 anos de idade. É um pouco constrangedor dizer, mas eu fazia xixi na cama toda noite. Minha mãe me levou a uma psicóloga que fez um bom trabalho e... pronto! Nunca mais passei vexame na casa dos outros!

Saltando para 2012, poucos meses depois de começar a terapia, descobri qual era o meu problema: eu tinha alcançado a maioria dos objetivos de vida da minha lista e tudo o que restava era: comprar uma casa, ter filhos, ter netos e morrer! E eu só tinha 23 anos na época!

Essa ideia foi assustadora. Comecei a questionar a felicidade. Eu consegui praticamente tudo o que sempre quis. Graduei-me na faculdade com especialização em duas áreas pelas quais era profundamente apaixonada: *design* gráfico e publicidade. Mudei para Miami e arranjei um bom emprego em uma das melhores agências de publicidade que existe. Casei com o amor da minha vida, e meus melhores amigos e familiares estão sempre por perto. Sem mencionar que o melhor restaurante de *sushi* ficava embaixo do nosso prédio. A vida era boa.

Por que, então, eu não estava totalmente satisfeita com ela? Quer dizer, eu finalmente conquistei as coisas que supostamente me dariam satisfação e alegria por toda a vida.

Comecei a me sentir incomodada com todo esse conforto que eu tinha. Estava apenas com 23 anos e já tinha uma vida estável, planejada e monótona, uma vida que não me parecia muito gratificante nem memorável. Estava faltando alguma coisa... Mas o que era?

Aparentemente, meus amigos estavam contentes com a vida confortável que levavam, e não questionavam aquilo tanto quanto eu. Um a um, eles se casaram, compraram uma casa e, pouco depois, tiveram bebê. Passei alguns meses me perguntando: é isso que eu quero?

Foi então que me dei conta: **a maioria das pessoas busca conforto, não felicidade,** duas coisas facilmente confundidas. Para alguns, conforto é felicidade: quanto mais conforto, e menos dificuldades, eles têm, mais felizes *acham* que são.

Aparentemente, não sou um deles. Quem diria!

E, sim, ter um teto sobre a cabeça, entes queridos por perto e dinheiro suficiente para pagar as contas e comprar coisas boas pode trazer conforto, o tipo de conforto de que todos nós precisamos e pelo qual devemos ser gratos. Mas *não* quero que minha vida pare aí. Porque se nos contentarmos apenas com isso, quando atingirmos essa meta deixaremos de crescer. Em outras palavras, quando nos contentamos com o básico, não alcançamos todo o nosso potencial humano.

CONFORTO *VS* FELICIDADE

E é isso. Eu não estava feliz. Eu tinha conforto.

Desafio você a escolher uma das opções abaixo:

1. SOU FELIZ
2. TENHO CONFORTO
3. NENHUMA DAS OPÇÕES

escolha uma

A Michelle de 2011 teria marcado a nº 2 com um lápis. A Michelle de 2015 até hoje marca a nº 1 usando todas as cores do arco-íris (e um pouco de *glitter*).

Se você marcou a nº 3, é porque acha que não está feliz nem contente com o que tem. Este livro é para você e fico feliz que tenha chegado até aqui! Juntos, descobriremos onde está sua felicidade e o que o está impedindo de chegar lá.

Talvez você tenha circulado o nº 2 ou o 1, mas, até o fim deste capítulo e do livro, você verá que pode aumentar sua felicidade e/ou redefinir o que é conforto se enfrentar mais medos. Bem-vindo!

Este capítulo vai ajudar você a descobrir onde está, marcar a opção nº 1 e dar um pouco de brilho à sua vida no meio do caminho.

MAIS DESAFIOS = MAIS COISAS A GANHAR

Minha terapeuta me fez ver que eu precisava de mais desafios na vida: novos objetivos, novos acontecimentos marcantes, um propósito que não fosse gastar todo o meu salário com coisas bobas e fazer uma lista de nomes de bebê (a propósito, Chloe é um nome superfofo).

Criei uma nova lista de metas como aquela que compartilhei no início do capítulo, mas, desta vez, sem limite de idade ou prazo. Mais importante do que isso, não fui influenciada por ninguém além de mim.

- ☐ MUDAR PARA NOVA YORK
- ☐ SER EMPRESÁRIA
- ☐ TRABALHAR COM MEU MARIDO
- ☐ VIAJAR PELO MUNDO
- ☐ SER CONHECIDA

Essa nova lista de metas me desafiou a expandir os horizontes e me deu esperança de que um dia eu me tornaria a mulher de sucesso que sempre imaginei. Paul Arden escreveu um livro intitulado *Não basta ser bom, é preciso querer ser bom*, mas eu queria ser incrível e sabia que seria bem difícil.

Eu tinha de começar em algum lugar... E aí, Nova York?

Meus medos em Nova York

Me perder no metrô.

Ser roubada ou furtada no metrô.

Enfrentar uma tempestade de neve.

Não conseguir colocar todas as minhas roupas (e jaquetas de inverno) em um guarda-roupas minúsculo.

Querer comprar tudo... e comer de tudo.

E o mais importante... a concorrência no local de trabalho: não ser boa o suficiente.

Não foi fácil convencer Adam a se juntar a mim nessa aventura. Ele, que era o planejador financeiro de toda a família, pensou muito antes de chegar à terrível conclusão de que se mudar para Nova York seria um suicídio financeiro.

Medos de Adam em Nova York

Ir à falência.

Morar em um apartamento com apenas um banheiro.

Pode ser realmente assustador dizer ao seu parceiro que você quer se mudar, especialmente quando ele concorda em viver aquela vida de sonho desconfortável, desafiadora, assustadora, mas muito gratificante. Então, coloquei sobre a mesa todas as razões pelas quais minha felicidade e minha saúde mental dependiam de nossa mudança para Nova York, *da forma mais categórica possível*. E, obviamente, ele ouviu, levou a sério e disse:

— Se é disso que você precisa, se no fundo do seu coração você acredita que Nova York vai lhe trazer tanta satisfação e alegria, vou considerar. Mas você terá de provar para mim quanto você realmente quer.

Justo.

Adam me desafiou a economizar US$ 10 mil. Adeus comprinhas, adeus cafezinho e *brunch* de domingo com ovos beneditinos e mimosa (eu ia realmente sentir falta disso). Tive de começar a guardar tudo que ganhava para provar a Adam e a mim mesma que era capaz de fazer qualquer sacrifício para alcançar meus objetivos. Para alguns, isso significa ser #adulta. Para mim, significa: *buscar a felicidade e esquecer o conforto*.

Essa experiência me ensinou que **vale a pena lutar pela felicidade, priorizar as necessidades e encontrar soluções para as duas coisas.** Não se tratava de fazer só o que eu ou o Adam queria, nem de vencer. Nós dois teríamos de fazer sacrifícios que deixassem o outro feliz enquanto buscávamos as nossas metas. Chegamos a um acordo: economizei 10 mil dólares e ele disse SIM para Nova York!

O QUE VOCÊ SENTE NECESSIDADE DE FAZER?

(MARQUE UMA OPÇÃO)

☐ seguir os padrões

ou

☐ seguir seu próprio caminho

EXPECTATIVAS

Como assim você vai se mudar para Nova York no ano que vem? Você já está casada há um ano, está com quase 24 anos. Não acha que está na hora de pensar em ter um filho e financiar a casa própria?

São apenas alguns exemplos do que nossos amigos e familiares nos disseram quando demos a notícia.

Sim, eles esperavam que eu fosse ficar, me acomodar, comprar uma casa, ter algumas Chloes (para minha mãe, três é um bom número 😟😟😟), só que, desta vez, decidi NÃO atender às expectativas dos outros e, em vez disso, seguir meus próprios sonhos. Desculpe, pequena Chloe, você vai ter de esperar mais um pouco.

Eu tinha ambições e, quando você tem sede de sucesso, meu amor, nada é capaz de lhe deter, nem mesmo a ideia de não fazer o que os outros esperam de você. **O que você sente necessidade de fazer: seguir os padrões ou seu próprio caminho?** Se você prefere a última, continue lendo.

Nossas necessidades

Abraham Maslow é um psicólogo conhecido por criar uma lista hierárquica de necessidades básicas. *Lembra-se daquela pirâmide?* Provavelmente, você já ouviu falar dela na faculdade ou em algum curso, especialmente se fez marketing, psicologia ou sociologia. (Não? Tudo bem, não tem problema.)

PIRÂMIDE das NECESSIDADES da MICHELLE

realização pessoal

SELFIE COM A OPRAH

boa autoestima

AUTORA DE BEST-SELLER

sentimento de inclusão

COMUNIDADE DO INSTAGRAM

APARTAMENTO LINDO NO BROOKLIN

abrigo

comida

LÁMEN + MATCHA

Tudo começa na base, com nossas necessidades básicas: ar, água e comida (principalmente *lámen* com ovo cozido, no meu caso). Um nível acima, vem a necessidade de ter um abrigo, viver num lugar bom e seguro, de preferência em Nova York. Brincadeirinha. 😉 Depois disso, fica muito mais interessante (se você gosta de estudar a mente humana tanto quanto eu) porque, bem no meio da pirâmide, Maslow colocou a necessidade de se sentir INCLUÍDO na sociedade de alguma forma. E, acima disso, vem a necessidade de se sentir bem consigo mesmo: e aí, autoestima? No topo da pirâmide está a necessidade de realização. Essa necessidade, em última análise, consiste em ter um propósito mais elevado e aproveitar todo o nosso potencial, o que tem tudo a ver com #metas e, aparentemente, é impossível suprir *totalmente*. TALVEZ Gandhi, Oprah ou Malala possam dizer como é conseguir quase isso.

Maslow afirmou que somos movidos por nossas necessidades: enquanto não as satisfazemos, não conseguimos alcançar níveis mais elevados e multidimensionais. Neste capítulo e no próximo, vamos examinar principalmente a parte central da pirâmide. Vamos analisar e entender por que o sentimento de inclusão é tão importante para nós a ponto de sacrificarmos a realização pessoal, porque, embora eu concorde que as necessidades nos motivam, tenho outra teoria: **elas também nos limitam.**

Adequação

Todos nascemos com alguns **medos universais** associados à necessidade de sobreviver. Seja qual for sua origem ou idade, provavelmente você tem medo de uma das coisas a seguir. Na verdade, marque as coisas de que você tem medo!

TARÂNTULA   AGULHA   ALTURA

marque todas as que desejar

Eu marcaria as três, então imagino que você tenha marcado pelo menos *uma*! Mas tudo bem. Os medos universais fazem parte do ser humano. Na verdade, é melhor ter medo dessas coisas porque, se não tiver cuidado, você poderá morrer por causa delas. Então, volte e marque as três... ou nenhuma, maluquinho.

Esse tipo de medo faz parte do cérebro pré-histórico. Somos programados para sobreviver e, graças a essa área do cérebro, conseguimos! Por instinto, não pegamos animais venenosos, não pulamos do prédio nem pisamos em objetos pontiagudos. O objetivo de quem está na Terra é continuar vivo e, se você está lendo este livro, significa que fez um ótimo trabalho até agora. Parabéns para você e para o lado pré-histórico do seu cérebro!

À medida que crescemos, desenvolvemos um tipo de medo diferente, o **medo cultural**, que está ligado à necessidade de ser amado e incluído. Esse medo pode *acabar com a gente*.

Quem não tem uma, duas ou três amigas (ou você mesma) que disse SIM para um anel porque morria de medo de acabar sozinha rodeada de gatos (mas, claro, ela *jamais* admitiria isso). Você provavelmente tem um colega de trabalho que guarda todas as ideias para si mesmo porque tem medo de ser criticado, ignorado ou rejeitado. Vai ver tem uma prima que nunca buscou seus sonhos porque tinha medo de decepcionar a família. E seu melhor amigo que continua jurando que é hétero porque tem medo de assumir que gosta de homem?

O *medo cultural* está atrapalhando conversas muito importantes que já deveríamos ter tido.

Cada cultura tem seu próprio conjunto de regras e expectativas sociais. Em geral, elas aparecem da seguinte forma:

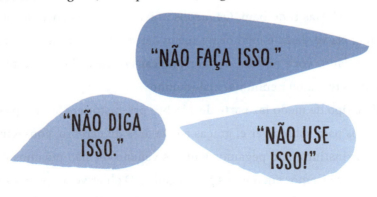

"NÃO FAÇA ISSO."

"NÃO DIGA ISSO."

"NÃO USE ISSO!"

Ou...

"TENHA UM FILHO E DEPOIS TENHA OUTRO."

"ARRANJE UM MARIDO ANTES DOS 30."

"FAÇA MBA OU PÓS-GRADUAÇÃO."

A sociedade cria o **medo cultural** para fazer com que nos comportemos de determinada maneira e nos adequemos aos seus padrões. O interessante é que uma coisa pode ser inaceitável num lugar e, em outro, ser até esperada. Tudo depende do contexto.

EXEMPLO 1: Na Índia, comer com as mãos é sinal de respeito e apreciação; nos Estados Unidos, você pode ser expulso de um restaurante (ou da casa da sua avó) exatamente por isso.

EXEMPLO 2: Em algumas regiões dos Estados Unidos, espera-se que as mulheres se casem jovens, sejam boas esposas e tenham muitos filhos. No entanto, para mulheres que trabalham em grandes cidades, como Nova York, casar e ter filhos antes dos 30 anos de idade é sinal de fim de carreira.

EXEMPLO 3: Enquanto na América Latina os padrões de beleza feminina são definidos pelo tamanho do traseiro e dos seios (e é melhor que *tenha*, senão já vai pensar em cirurgia plástica), na Europa a mulher esguia é considerada *sexy*, e cirurgia plástica "nem pensar".

Parece que as definições de perfeito, bonito e bem-sucedido não são um conceito universal, o que significa que você mesmo pode criá-las!

No entanto, em qualquer lugar, o medo de não ser incluído, não se adequar aos padrões ou não ser amado e aceito determina a maioria das coisas que fazemos e como nos comportamos com os outros. E é compreensível. É bom se sentir incluído, não é mesmo? Além disso, é o que cria a comunidade, a família, a amizade e as equipes. Mas, se não tomarmos cuidado, **a necessidade de seguir os padrões pode prejudicar a nossa autenticidade e individualidade.** Fico chateada de ver a garotada com pressa de se casar só para atender às expectativas da sua cultura ou me espanto com mulheres lindas que fazem cirurgia plástica só para se adequar aos padrões de beleza de seu país.

Sabe o que é engraçado? Dificilmente refletimos sobre o que está realmente por trás de nossas ações. Na maior parte do tempo, apenas seguimos o fluxo. Aposto que você não pensa: *Puxa, eu deveria comprar um carro de família para ficar igual às outras mães, em vez de ser a "esquisitona" que tem um MINI Cooper.* Não! Você simplesmente olha em volta e sente a necessidade de ser e fazer o que os outros estão fazendo, e se rende. Eu também era assim! Comprei aquela sapatilha Tory Burch com um logotipo enorme na frente e elástico atrás. Você também? Preta? Eu também!

Será que precisamos realmente dessas coisas para sermos felizes? Um anel brilhante, um grande casamento, a mudança de sobrenome, o chá de bebê e o presente no parto. Você já se perguntou o que é que VOCÊ quer e respondeu a essa pergunta sinceramente? Algumas pessoas fazem isso... aos 50 anos de idade! É a famosa crise da meia-idade. É por isso que sua mãe fez uma tatuagem e um curso de pintura, e seu pai, de repente, decidiu viajar para lugares distantes, andar de motocicleta e usar camisa estampada. Na meia-idade, muitas vezes, as pessoas percebem que todas as escolhas que fizeram até ali eram para atender às expectativas dos outros, e começam a se perguntar quem realmente são e o que é importante para elas. Algumas nunca fazem isso e passam a vida inteira sendo o que a sociedade espera delas, encaixando-se nos moldes e criticando quem não faz o mesmo. Meu objetivo é ajudá-lo a descobrir quem você é HOJE e ter a coragem de viver o resto da sua vida cumprindo seu propósito, depois de conhecer seu verdadeiro e autêntico eu. Pronto, falei.

A diferença entre pertencer e adequar-se

O sentimento de pertencer não acontece simplesmente. Não é como se conformar, fingir ou defender um padrão porque é mais fácil. É um ato que exige que nos coloquemos em uma posição vulnerável e desconfortável, e aprendamos a conviver com os outros sem sacrificar quem somos. É a prática espiritual de acreditar em si mesmo e ser tão dono de si a ponto de mostrar seu verdadeiro eu ao mundo e se sentir bem por fazer parte de algo, e também por estar sozinho no deserto. Quando você pertence, não precisa mudar. Você pode ser quem realmente é.

—BRENÉ BROWN

No livro *A coragem de ser você mesmo*, a pesquisadora Brené Brown destaca a importante diferença entre "adequar-se" e "pertencer". Quando você se molda a determinadas pessoas ou situações, está se adequando.

Quando pertence a um grupo ou lugar, você é seu verdadeiro eu. Que sentença melhor descreve o seu comportamento?

Teria sido muito mais fácil se fosse como era para ser, se tivesse seguido o mesmo caminho que meus amigos, feito exatamente o que esperavam de mim e optado pelo que agradava os outros. Mas se eu tivesse ouvido todas as pessoas que me disseram para não fazer o que eu queria, teria agido com base no medo: o medo de decepcionar os outros e de não me adequar.

Para quem é ambicioso e determinado como eu, não é nada gratificante seguir o caminho mais fácil. Uma coisa que aprendi na vida é que **tomar uma decisão com base no medo só causa arrependimento, infelicidade, conformidade e rancor.**

ESCOLHAS

Pense nas escolhas que você fez na vida para atender às expectativas dos outros. Pode ter sido a escolha da sua carreira, da faculdade em que se formou, da pessoa com quem se casou (ou divorciou), do trabalho que exerce todos os dias, do número de filhos que tem, da sua aparência, da cidade em que mora, do carro que dirige. Que escolhas você fez para satisfazer a si mesmo e que escolhas fez por causa dos outros ou da sociedade, talvez?

Escreva três coisas da sua vida que você escolheu para seguir os padrões, satisfazer alguém ou ser amado (seja o mais sincero possível agora).

1. _____

_____

2. _____

_____

3. _____

_____

Agora, escreva três coisas da sua vida que você escolheu para **se sentir feliz**, mesmo que ninguém nunca soubesse:

1. _____

_____

2. _____

_____

3. _____

_____

O primeiro grupo de coisas que você mencionou acima são aquelas que você achava que *deveria* fazer. O segundo grupo são as coisas que você *queria* fazer e, de fato, fez!

Qual dos grupos dá mais satisfação à vida diária?

O fato é que **as pessoas que dizem para você seguir determinado caminho nem sempre farão parte do resultado.** Sua mãe pode implorar para que você tenha filhos, mas, no final das contas, é *você* quem vai acordar às 4 horas da manhã para dar de mamar para o bebê que está chorando. Ela pode tentar convencer você a estudar Direito, mas é *você* quem terá de entender as letras miúdas. E ela pode dizer para você ser mais elegante, mas é *você* quem ficará com bolha no pé depois de andar o dia inteiro de salto alto.

Na lista a seguir, circule a palavra que melhor descreve como você se sente em relação a algumas decisões (se você já determinou algumas dessas possibilidades, simplesmente ignore ou reescreva-as; não tem uma regra aqui):

1. Quero/devo viver na mesma cidade que minha família.

2. Quero/devo construir um nome.

3. Quero/devo ter filhos.

4. Quero/devo trabalhar em uma empresa de prestígio.

5. Quero/devo descobrir a minha paixão.

6. Quero/devo ser meu próprio chefe.

7. Quero/devo viajar para lugares exóticos.

8. Quero/devo ser um doador de órgãos.

9. Quero/devo acreditar em Deus.

10. Quero/devo _____ .

Não estou dizendo que você só deve fazer as coisas que quer. Cada desejo tem uma série de deveres e responsabilidades. Você quer se formar? *Deve* fazer a lição de casa. Quer publicar um livro? *Deve* começar a escrever. Quer melhorar a saúde mental? Você *deve* ir a um terapeuta! **O objetivo de todo "dever" deve ser um "querer".** Se o objetivo de um dever for satisfazer alguém (ou o *desejo de outra pessoa*), meu amor, sua vida vai se tornar um inferno.

Vá para a faculdade porque você encontrou uma área que tem vontade de aprender. Case-se porque acredita no casamento e encontrou o amor da sua vida. Tenha filhos apenas quando fizer sentido para VOCÊ, e não só para o seu parceiro. E encontre um trabalho que lhe satisfaça todos os dias e, se não encontrar, invente um. Mas **nunca, jamais, se acomode** com uma profissão, um parceiro, um emprego, uma cidade, uma vida que não faz você feliz.

As coisas mais importantes da minha vida são as que fiz por mim mesma.

SACRIFÍCIOS QUE COMPENSAM

Sacrifiquei muito para chegar aonde estou, mas, felizmente, o sacrifício também traz satisfação. O sacrifício de decepcionar a sociedade me deu a satisfação de ser como realmente sou. O sacrifício de superar meus medos me deu a satisfação de mudar de carreira e inspirar milhões de pessoas ao longo do caminho. E o sacrifício de economizar 10 mil dólares me levou para Nova York. A principal coisa que sacrifiquei foi o meu antigo "eu", mas, para ser sincera, gosto muito mais da pessoa que estou me tornando agora. Falarei mais disso no Capítulo 9, quando tratar do medo do sucesso.

Neste momento, quero que você interrompa a leitura para responder a estas perguntas:

1. Se você pudesse voltar para a faculdade e escolher um curso diferente, qual seria?

_____

_____

2. Se você pudesse viver em qualquer lugar do mundo, onde seria?

_____

_____

3. Se você pudesse viver com qualquer pessoa do mundo, com quem seria?

_____

_____

4. Se você pudesse ter qualquer trabalho do mundo, qual seria?

_____

_____

5. Alguma de suas respostas já se tornou realidade? Se não, qual é o primeiro pequeno passo que você pode dar para fazer esses sonhos se tornarem realidade? Volte e escreva isso ao lado das respostas.

_____

_____

As minhas respostas para essas quatro perguntas foram:

1. **Se você pudesse voltar para a faculdade e escolher um curso diferente, qual seria?**

Voltei para a escola e fiz mestrado em *Branding* depois de perceber que publicidade não era realmente a minha praia. **Melhor** 👏 **decisão** 👏 **da** 👏 **minha** 👏 **vida** 👏! Além de confirmar que *Branding* era a minha verdadeira paixão, de aprender muita coisa nova e interessante e de fazer amigos e contatos incríveis, foi no meu programa de pós-graduação que lancei o projeto "100 dias sem medo", que mudou completamente minha vida.

Como eu fiz isso?

Peguei um empréstimo que ainda estou pagando, trabalhei no meu programa em tempo integral durante o ano inteiro, passei os finais de semana fazendo lição de casa e deixei de ir a restaurantes por um ano para conseguir bancar isso.

2. **Se você pudesse viver em qualquer lugar do mundo, onde seria?**

Exatamente onde vivo hoje, em Williamsburg, Brooklyn, Nova York. Depois de sonhar com esse bairro durante anos, consegui morar lá. Por que Williamsburg? Tem tudo de bom que você encontra em Manhattan: os mesmos cafés e restaurantes descolados, mas sem os táxis amarelos, os ônibus, os turistas e o barulho. Moro a duas quadras do rio, do horizonte, da ponte e de belos parques. Meu apartamento fica em cima de uma *pizzaria* incrível e em frente a um café israelense, a uma lanchonete de *lámen* e à padaria francesa mais deliciosa do mundo.

Como eu consegui isso?

Como viajamos muito a trabalho, decidimos passar um ano inteiro vivendo como nômades em Nova York, sem pagar aluguel. Basicamente, carregávamos uma mala e ficávamos na casa dos meus sogros, dos meus pais, em Airbnbs ou mesmo no sofá de amigos, quando não era nos hotéis que os clientes pagavam. Quando voltamos para Nova York, encontramos um quarto no Brooklyn, com um (minúsculo) banheiro em um prédio não muito chique, sem porteiro nem elevador. Era um espaço pequeno, mas cheio de boas vibrações e uma parede com tijolinhos à vista (oba!).

3. **Se você pudesse viver com qualquer pessoa no mundo, com quem seria?**

Pessoas ambiciosas, motivadas e realizadas, como meus novos amigos. Amigos que escolhi a dedo e convidei intencionalmente para fazer parte do meu mundo. Amigos que compartilham os mesmos valores que eu e são tão ambiciosos e motivados quanto eu. Amigos que me desafiam cada dia a ir mais longe, ser a melhor versão de mim mesma e nunca me acomodar. Amigos que querem que eu tenha sucesso, mesmo quando meus objetivos ou conquistas estão fora da sua zona de conforto.

Como eu consegui isso?

Entrando em contato e enviando aquela mensagem provocadora: *Oi! Adorei saber de você. Olha só o que eu estou fazendo! Você gosta de café? Eu não. Vamos tomar um chá!*

Não enviei essas mensagens quando lancei meu projeto de 100 dias nem quando decidi largar meu emprego para me tornar palestrante. Esperei para enviar. Trabalhei duro para me tornar uma pessoa de que me orgulhasse. Atingi meus objetivos e depois defini outros mais ambiciosos. Foi quando procurei novos amigos. E, quando eles me procuraram, pude ser eu mesma, meu "eu" autêntico. Ofereci ajuda em vez de pedir e, desde o início, os vi como pessoas, não como *contatos*.

4. **Se você pudesse ter qualquer trabalho do mundo, qual seria?**

Hoje, tenho o melhor trabalho que poderia imaginar. Sou paga para viajar pelo mundo, influenciar positivamente milhões de pessoas, criar um conteúdo significativo, trabalhar com meu marido e ser minha própria chefe. Arrebentei.

Como eu consegui isso?

Decidi criar minha própria marca enquanto meus colegas se candidatavam nas empresas de *Branding* com que eu sonhei.

Decidi investir em mim mesma, em vez de no financiamento da casa própria. Decidi me expor sem me importar com o que os outros poderiam pensar de mim. **Decidi** seguir meu coração, em vez de os conselhos dos outros. **Decidi tomar minhas próprias decisões**, e é isso que me impulsiona todos os dias.

Comecei a conquistar os objetivos da minha lista no momento em que parei de me preocupar em seguir os padrões, porque percebi que é muito melhor ser diferente.

E não, não tenho uma vida perfeita nem tudo resolvido, mas quem quer ter tudo resolvido, afinal? Qual seria o propósito da vida se você já tivesse tudo? O que lhe daria satisfação? Além disso, não dá para ficar totalmente sem problemas, porque, no momento em que você *relaxa*, a vida dá uma guinada, e daí? Não dá para resolver tudo; não existe estabilidade. Só o que existe é a sua capacidade de enfrentar e resolver os desafios e as adversidades da vida. Comece a trabalhar nas suas habilidades com confiança e pare de tentar resolver a vida.

EXERCÍCIO

Agora, vamos voltar à lista de expectativas do começo do capítulo. Você se lembra de qual era a sua lista quando você estava no colégio ou na faculdade? Quais eram seus sonhos? Você também tinha uma idade para realizar cada um, como eu? Escreva alguns deles aqui:

Lista de quando era mais jovem

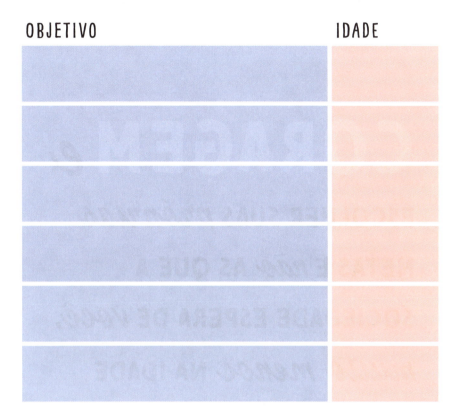

OBJETIVO **IDADE**

Coragem é escolher suas próprias metas e não as que a sociedade espera de você, MUITO MENOS na idade em que ela espera.

Pensando nisso, quero que você refaça a sua lista, começando do zero (você pode manter alguns objetivos de antes, não se preocupe!). Desta vez, faça a si mesmo a seguinte pergunta: Se eu não calculasse meu valor de acordo com o que os outros esperam de mim ou se não

CORAGEM e

ESCOLHER SUAS *próprias* METAS E *não* AS QUE A SOCIEDADE ESPERA DE *você*, *muito menos* NA IDADE EM QUE ELA *espera.*

tivesse medo de decepcionar os outros, ser rejeitado ou me envergo-
nhar, quais seriam as minhas metas?

Minha nova lista

OBJETIVO

O QUE ESTÁ IMPEDINDO VOCÊ DE
ALCANÇAR ESSAS METAS?

TRÊS PRINCIPAIS *lições*

Acesse a página *hellofearsbook.com* para explorar outras atividades em inglês que dão vida a este capítulo.

→ Assista ao meu vídeo em inglês sobre a mudança para Nova York, bem antes de eu me tornar uma YouTuber.

→ Assista a um divertido vídeo ilustrado que explica perfeitamente a teoria de Maslow.

→ Saiba mais sobre o sentimento de pertencer com a pesquisadora Brené Brown lendo seu livro *A coragem de ser você mesmo*.

→ Assista ao *vlog* em inglês sobre por que saímos de Miami (um vídeo que resume este capítulo em quatro minutos).

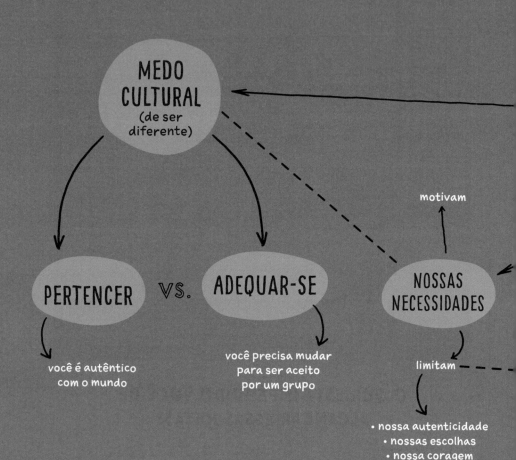

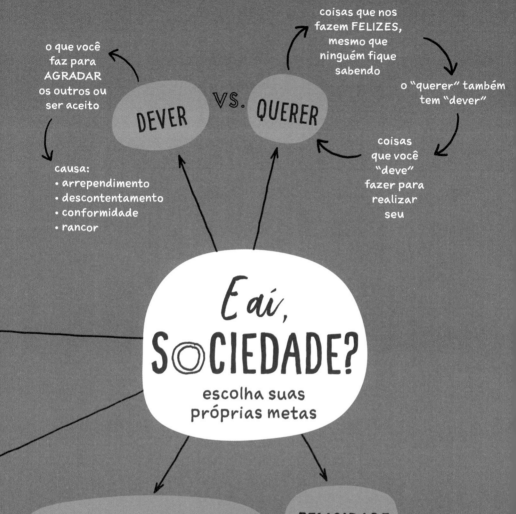

o que você
faz para
AGRADAR
os outros ou
ser aceito

DEVER VS. **QUERER**

coisas que nos
fazem FELIZES,
mesmo que
ninguém fique
sabendo

o "querer" também
tem "dever"

causa:
• arrependimento
• descontentamento
• conformidade
• rancor

coisas
que você
"deve"
fazer para
realizar
seu

E aí,
S◎CIEDADE?
escolha suas
próprias metas

CONFORTO = ACOMODAÇÃO

FELICIDADE

quando você
busca suas
próprias metas
e é dono de
SI MESMO

adequar-se

não
significa

diferente de

SEGUIR SEU
PRÓPRIO CAMINHO

QUATRO

E aí, ^
VOCÊ?

ASSUMINDO SEU VERDADEIRO EU

"MICHELLE, VOCÊ É UMA PESSOA BEM ambiciosa. Diga-me uma coisa: e se não formos os melhores no que fazemos?", foi o que um funcionário da Coca-Cola me perguntou depois da minha palestra.

As perguntas mais comuns que me fazem são do tipo: "Dos 100 medos que você enfrentou, qual foi o pior?" ou "Você já se machucou ao enfrentar um medo?". Ninguém nunca tinha me perguntado sobre ser *imperfeito*, então demorei alguns segundos para responder e, provavelmente, não dei a resposta que a pessoa esperava...

"Agora, pensando sobre isso, eu nunca, *jamais,* quis ser perfeita... em nada que fiz na minha vida! Na verdade, não sou NADA perfeccionista! Quero ser conhecida por ter apresentado algo novo, inesperado, memorável, mas não necessariamente por ser *a melhor.* Além disso, tudo é relativo: o que uma pessoa acha ótimo, outra pode achar *péssimo.* Por que querer ser o melhor se você pode ser diferente, destacar-se, ser 100% você mesmo? **Prefiro ser rejeitada pelos outros ou considerada estranha por ser diferente do que ser aceita só por ser igual.**"

Este capítulo é sobre como se tornar autêntico. Não se trata de olhar em volta, mas de olhar para dentro e ter a coragem de virar do avesso. Prepare-se para se tornar *mega* letrado neste curso sobre autenticidade em que você acabou de entrar. Bem-vindo ao Capítulo 4!

MEU PRIMEIRO MEDO

Minha vontade de descobrir, aceitar e destacar meu eu autêntico começou cedo na vida, mas só descobri isso há pouco tempo, quando minha terapeuta me fez uma pergunta estranha:

— Você consegue se lembrar de uma vez em que sentiu medo, quando era bem pequena?

Eu ri e respondi uma bobagem, como:

— Da tia da minha mãe, Sílvia, que parecia um palhaço e tinha cheiro de aspargos vencidos há três semanas. Terrível!

Mas ela não estava brincando. Eu tive de voltar no tempo até a minha infância para me lembrar disso. Ela me desafiou a ir mais longe e, depois de alguns minutos constrangedores de completo silêncio, lembrei:

— Eu tinha cerca de 2 anos e meio e ainda me lembro de como fiquei apavorada ao caminhar até o altar, não como a noiva, claro, mas como a daminha das pétalas.

Normalmente, uma menina de 2 anos e meio ficaria encantada em usar um vestido longo, branco e rodado, igual ao da noiva, e jogar pétalas de rosa para todo lado, certo?

Mas não esta aqui. Fiquei com muito medo de caminhar sozinha porque achei que não encontraria minha mãe no final.

Ilustração por PAOLA ROSALES

Daquele dia em diante, passei a odiar casamentos. Mas, é claro, TODO MUNDO queria que eu fosse a daminha. Então, deliberadamente, eu sabotava as cerimônias para que ninguém me chamasse de novo... Huahuahua! Achou maldade? Mas nunca funcionou, e as pessoas continuaram me convidando. É que eu era muito fofa. Com aquelas bochechinhas, poderia até abrir um negócio de daminhas. Na boa. A descoberta desse primeiro medo me ajudou a entender o meu comportamento em toda a minha infância. Nos primeiros sete anos de vida, eu morria de medo de sair do lado da minha mãe em casamentos, festas de aniversário, *bar mitzvahs* e tudo mais. Minha zona de conforto era um raio de três metros em volta da minha mãe ou do meu pai. Acontecesse o que acontecesse, eu nunca saía dali, por mais sorvete ou bolo que tivesse do outro lado. Nem todos os brigadeiros do mundo me fariam sair daquela zona de segurança.

Um dia, em uma tentativa desesperada de ajudar sua filhinha tímida e extremamente dependente, meus pais decidiram buscar ajuda profissional. Eles acharam que, talvez, minha timidez não fosse emocional como pensavam. Então, me levaram a um monte de médicos e... surpresa!

Eu não enxergava bem! Tipo NADA! Por muito tempo, eles nem imaginavam.

E aí, óculos?

Mistério resolvido. Foi só dar àquela menina de 7 anos um par de óculos redondos, cor-de-rosa e estampados que... tcharam! O problema sumiu!

Então tá, até parece. Esse foi apenas o começo do problema.

Eu odiava os óculos. Além de não me sentir nada bonita quando me olhava no espelho, as crianças da minha idade começaram a zombar de mim.

Diferente = Legal

"VOCÊ É A MESMA PESSOA, SÓ QUE DE ÓCULOS!"

"OLHA SÓ, SEU PAI TAMBÉM USA! GÊMEOS!"

"VOCÊ PARECE TÃO INTELIGENTE!"

Estas são algumas das coisas que minha mãe me disse para que eu me sentisse segura de novo. Mas, infelizmente, essas palavras não funcionaram para mim. Afinal, ela é minha mãe, quer dizer, é natural que diga essas coisas e me ache fofa com ou sem óculos. Certo?

Antes de desistir, e exatamente quando estava achando que queria ser igual a todo mundo, minha mãe disse algo que me chamou a atenção: "É legal ser diferente, Michelle".

Ela me explicou o conceito de autenticidade, à sua maneira. Ela me ajudou a entender que cabe a nós aceitar ou rejeitar as nossas "imperfeições" e que, **quando expomos nosso eu autêntico de uma perspectiva positiva, os outros veem a beleza que existe em nós.** Ela falou de Frida Kahlo com a sobrancelha grossa (*numa época em que isso não era moda*), Cindy Crawford com a verruga em cima do lábio, e Cher com a voz grave e masculina.

E essa, senhoras e senhores, foi minha primeira lição sobre marca pessoal.

Logo comecei a gostar do meu visual, com óculos e tudo. Inclusive fiz meus pais me darem um monte de óculos baratos para que eu pudesse trocar e combinar com a roupa. Meus óculos se tornaram uma referência, e alguns amigos chegaram a dizer que queriam usar óculos também.

Quando meu nível de confiança aumentou, as crianças pararam de zombar de mim. **A verdade é que, quanto mais confiante você é, menos poder os outros têm sobre você.**

O amor incondicional e a aceitação da minha mãe me ensinaram a me amar e a me aceitar, mas foi a visão dela que me fez mudar de ideia e me enxergar de outra forma. Ela sabia o que eu poderia me tornar se parasse de implicar com a minha aparência. Tenho orgulho de minha mãe e de meu pai por me ensinarem a acreditar que meus talentos e minha personalidade são mais importantes do que minha aparência e posses.

Por isso, sempre fiz questão de me diferenciar do resto do mundo, não apenas na aparência, mas também nas minhas escolhas, no meu comportamento e nas minhas palavras. Minha estratégia era simples: olhe ao redor, observe o que todo mundo está fazendo e faça *do seu jeito* sem se desculpar por isso.

1. Ao escrever minha carta de apresentação para a admissão na faculdade, decidi ser franca e honesta. Inclusive comecei dizendo que não gosto nem um pouco de escrever: "Mas, se me derem uma tela em branco, posso cobri-la de cores, se me derem um computador com Photoshop, posso colocar vocês nas Bahamas com um bando de gatos em volta ou, se me derem um Sharpie, posso

criar seu próximo logotipo". Eles me deram uma bolsa de estudos. E, por falar em escrever, estou escrevendo um livro agora. 🙌

2. Quando deixei meu emprego em publicidade, escrevi uma carta para o RH e a minha equipe: "Foi só quando parei de planejar minha vida e fugir dos meus medos que comecei a viver plenamente. Quero enfrentar meu medo de deixar meu cargo de diretora de arte para, finalmente, ser feliz e livre". Publiquei a carta completa no meu *blog* e um vídeo no YouTube e, naquela semana, recebi mais de 100 mensagens de pessoas que se inspiraram a mudar a vida.

3. E, finalmente, quando me candidatei a um curso bastante concorrido na School of Visual Arts de Nova York, em que, a cada 1.000 pessoas, apenas 25 conseguem entrar, dei um passo ousado. Enviei meu portfólio, mas, em vez de me gabar do meu trabalho e das minhas realizações, eu os critiquei. Um por um. Mostrei como eu poderia melhorar e aperfeiçoar CADA UM dos meus projetos. No final, pedi que me deixassem fazer o curso deles para eu aprender a fazer um trabalho melhor da próxima vez. E fui aceita!

Para se destacar, é preciso ser ousado, e prefiro **ser ousada a banal, sempre.**

Agora pense em um projeto para o futuro. Pode ser um aplicativo, uma postagem no *blog*, uma carta de demissão, seus votos de casamento, um argumento de vendas, uma apresentação na escola ou no trabalho. Seja o que for, como você pode torná-lo mais AUTÊNTICO? *Diferente é legal*, lembra?

MEDO CULTURAL

Lembra-se disso? Acabamos de falar dele no Capítulo 3, então, volte lá se não lembra ou se pulou para a frente.

Medo cultural é aquele que surge em função da nossa necessidade de ser amado e de pertencer. No Capítulo 3, mostrei como ele dita a maioria das escolhas que fazemos na vida, por exemplo, o emprego que aceitamos, a cidade em que vivemos e o parceiro que escolhemos. Mas este capítulo explica como o medo cultural determina a maneira pela qual nos apresentamos ao mundo em termos de estilo e personalidade. Você está sendo o mais autêntico possível? Ou está se adaptando ao ambiente para se adequar e se sentir aceito?

Desde cedo, aprendi a importância de ser eu mesma, de me cercar de pessoas com a mesma visão e de trilhar meu caminho com base nisso. Se você está em busca de conselho profissional sobre como encontrar sua própria voz e ser dono de si, veio ao lugar certo. Que o *massacre* comece!

Seu eu autêntico

Você percebe que age, ou se sente diferente, conforme o tipo de pessoa com quem está?

INIMIGOS

Algumas pessoas despertam apenas o que há de pior em mim. Percebo que, quando estou perto delas, minha atitude muda e deixo de ser alegre, otimista e animada e fico arrogante e agressiva. Odeio isso. Sei que não sou assim. Pelo menos, não é meu melhor lado.

AMINIMIGOS

São amigos que acho legais, mas percebo que, quando estou perto deles, sinto certa pressão para me exibir ou parecer mais confiante do que realmente sou. Depois de um tempo, me sinto exausta! E a pior parte é que questiono meu valor constantemente quando estou com eles. *Eu tenho valor? Sou boa o suficiente?*

AMIGOS

Quando saio com meus melhores amigos de todos os tempos ou parentes mais próximos, sinto que posso ser eu mesma o tempo todo, mostrar meu lado bom e mau. Não preciso fingir, me gabar nem esconder nada. Eu sei que eles me conhecem, meu VERDADEIRO eu, e mesmo assim gostam de mim! Por que eu mudaria ou fingiria ser alguém que não sou?

O seu eu autêntico é a pessoa que você é quando está sozinha ou cercada daqueles que extraem o melhor de você, que chamo aqui de *amigos*.

Seu eu autêntico não é seu melhor lado, são TODOS os lados. É a combinação perfeita de todas as suas facetas. Pare um minuto agora para pensar em quem são seus amigos e na pessoa que você se torna quando está perto deles. Esse é o seu verdadeiro eu e a pessoa que quero que seja o tempo todo. Ficou assustado? Então, estamos no caminho certo!

SEU
eu autêntico
NÃO É
SEU MELHOR LADO.
São todos os
SEUS LADOS.

Síndrome do impostor

Comparar-se com os outros é natural do ser humano. E não temos culpa disso! Tudo começa quando somos crianças. Nossos pais nos comparam com nossos irmãos ou primos desde o momento em que nascemos. "Por que você não faz como sua irmã?". Já ouviu isso?

São observações inúteis que, na verdade, dizem que não somos tão bons quanto outra pessoa que, em geral, é alguém que deveríamos amar. Na escola, os professores nos comparam com nossos colegas. Por meio das notas, vemos claramente que somos *melhores* que alguns alunos e *piores* que outros. O problema é que essas notas não levam em consideração nossa situação, nossas lutas, nossas prioridades ou nossas habilidades. As notas retratam apenas os resultados de um sistema muito específico.

Quando ficamos adultos, inevitavelmente analisamos as diferentes áreas da vida: amor, família, carreira, aparência, realizações, saúde, dinheiro, felicidade... uma lista infindável. Queremos saber qual é a nossa situação na balança da vida, e a única maneira de saber isso é comparando. Você pode estar se saindo melhor do que seu primo, mas não tão bem quanto seu melhor amigo.

E não há nada de errado nisso. O problema começa quando queremos nos tornar outra pessoa em vez de ser a melhor versão de nós mesmos. Quando não aceitamos quem somos ou onde estamos, a síndrome do impostor aparece.

A síndrome do impostor ocorre quando a pessoa acha que não é boa o suficiente ou não merece o que tem. É mais comum acontecer com grandes empreendedores, e é um ciclo:

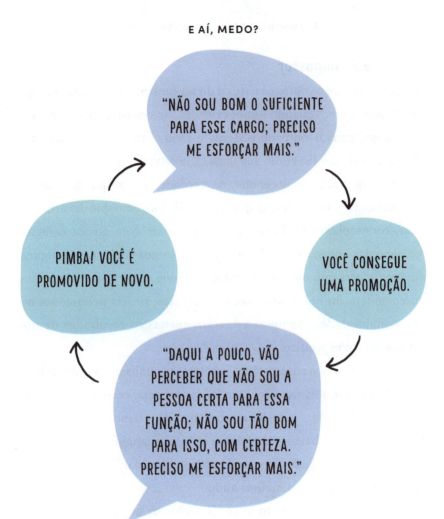

Não importa quão longe cheguem, eles nunca atribuem o sucesso ao seu empenho ou à sua capacidade. Nesse caso, eles continuam sendo promovidos porque se esforçam muito para provar que estão à altura do cargo atual. Mas a ideia de que foi pura sorte reforça a síndrome do impostor, criando um círculo vicioso, insegurança e preocupação.

Dizem que a comparação é a principal causa da depressão. Então, **por que comparar quando você pode se diferenciar?** Essa é a chave para superar a síndrome do impostor.

COMPARAR E DIFERENCIAR

Para nos diferenciar, precisamos nos expor.
Para comparar, precisamos ser vítimas.

Para nos diferenciar, precisamos olhar para dentro, aceitar quem somos e nos assumir totalmente. Sabemos que essa é a única maneira de crescer e nos tornar nosso *eu* autêntico, embora algumas pessoas possam não gostar de nossas escolhas nem concordar elas. Mas, quando nos comparamos, nos colocamos como vítimas e permitimos que as circunstâncias nos definam. Ressaltamos nossas fraquezas, em vez de celebrar nossas oportunidades.

Uma coisa que aprendi no curso de *Branding* foi buscar inspiração em lugares incomuns. Por exemplo, se você quer criar uma marca para um restaurante, não procure inspiração na indústria de alimentos. Em vez disso, pense: "Se Apple, Netflix, Amazon ou Tesla abrisse um restaurante, como seria?". Então, você compara sua marca com marcas de tecnologia, entretenimento e automobilística, e isso ajudará você a se diferenciar e a se destacar entre as marcas existentes na sua área. O mesmo princípio vale para sua marca pessoal.

O que as pessoas da sua área normalmente fazem? E se você ignorasse isso e deliberadamente fizesse de outro jeito? Como Stephanie, uma terapeuta familiar que está revolucionando sua área. Espera-se que os terapeutas mantenham certo mistério em torno da profissão e tenham regras rígidas no que diz respeito à sua disponibilidade. Mas Stephanie decidiu ser mais acessível do que o normal e compartilhar seu conhecimento em psicologia nas redes sociais. Ela está usando a plataforma do Instagram para responder às dúvidas das pessoas, o que permite que ela compartilhe sua experiência com muita gente, atenda à sua comunidade diariamente e não fique apenas no consultório, ganhando muito dinheiro. Então, em vez de usar seu conhecimento só com os clientes, ela se colocou à disposição do público em geral, em busca de um bem maior, usando a conta @therapyuntangled.

Quando procuramos nos diferenciar em vez de comparar, conseguimos identificar do que os outros estão precisando. É o que chamamos de "lacuna".

PREENCHENDO A LACUNA

A *lacuna* é um território inexplorado. É o que ninguém mais na sua área está fazendo, seja porque eles estão muito preocupados em se adequar e não perceberam ou porque preferem seguir o caminho seguro e fazer o que está provado que funciona. **Para preencher a lacuna, é preciso coragem, autenticidade e vulnerabilidade.** Só os corajosos conseguem identificá-la e, acima disso, fazer bom uso dela. E a melhor maneira de desestabilizar um setor é aproveitá-la. Foi o que fiz quando decidi mudar de carreira e deixar de ser diretora de arte para me tornar palestrante.

Quando comecei minha carreira de palestrante, fui convidada a me apresentar em uma das maiores redes esportivas na conferência anual de mulheres. Como é um ambiente dominado por homens, fiquei muito feliz por ser uma das poucas palestrantes mulheres.

Para preencher a lacuna, é preciso coragem,
autenticidade e vulnerabilidade.

Quando examinou meus compromissos do dia, minha agente viu que Carla, a vice-presidente de uma grande instituição financeira e escritora renomada, também daria uma palestra e me incentivou a assistir à apresentação dela. Além de ser excelente palestrante, Carla vem do mundo corporativo, um ambiente que abandonei e ao qual decidi nunca mais retomar. Desde que mudei de carreira, me senti o ser humano mais feliz do mundo, mas, ao lado de Carla, não me sentia confiante o bastante para falar aos funcionários de uma empresa sobre a minha incrível vida nova como autônoma.

Lá estava eu, sentada, ouvindo Carla e me sentindo cada vez menor. Comecei até a tremer, literalmente. Sim, estava frio, mas minhas mãos suadas eram um sinal claro de que eu não estava com frio, e sim com medo de fazer o que ela dizia. Quanto mais a ouvia, mais me comparava com ela, até que comecei a me sentir a maior impostora daquele lugar e esperava que ninguém percebesse isso na minha apresentação.

Não dava mais para fugir. Tinha chegado a hora. Então, eu fiz o que faço de melhor: dançar *reggaetón*.

Beleza, deixa eu explicar. Poucos dias antes do evento, Adam me desafiou a começar a apresentação dançando *reggaetón*. Obviamente, eu disse NÃO! Eu não queria começar a dançar sozinha na frente de centenas de pessoas. Mas ele me disse que eu precisava ser inovadora, memorável e ousada para me diferenciar desde o início. Ele representou algumas partes da minha apresentação para mim, e eu não tive outra opção senão enfrentar meu medo e aceitar o desafio.

Eu não apenas dancei como convidei as pessoas a me acompanhar. Sabe o que aconteceu? Ninguém dançou. Maravilha! Porque era exatamente essa reação que eu estava esperando. Agora, eu podia falar da zona de conforto e de como é bem mais fácil, por exemplo, ficar sentado na cadeira em vez de dançar... *pisc-pisc*.

Durante os quarenta e cinco minutos no palco, dei meu melhor, mas, quando acabei, NÃO FAZIA IDEIA de se as pessoas tinham gostado ou não da minha palestra.

Quando entramos no carro para voltar a Nova York, recebemos uma mensagem de texto do organizador do evento: "Michelle e Adam, vocês gostariam de se juntar a nós no evento de *happy hour*? Tenho certeza de que os participantes vão adorar conhecer vocês e fazer algumas perguntas".

Deveríamos continuar a *voltar* para Nova York ou mudar de direção e ir para a *happy hour*? O que *você* teria feito?

— A *happy hour* pode ser bem chata. Sabe, né? Ter de socializar, jogar conversa fora — Adam disse.

— "Faça o que o deixa desconfortável", foi exatamente o que eu disse na minha apresentação — respondi. — Como poderíamos fazer o que é mais fácil, se eu acabei de dizer isso?

Fiquei muito feliz por termos voltado.

Naquela noite, *muitas pessoas* vieram falar comigo para me agradecer. Elas disseram que me acharam autêntica e, exatamente por isso, acreditavam que também poderiam enfrentar seus medos.

Puxa vida.

Durante todo o dia, a síndrome do impostor me fez acreditar que eu precisava ser mais parecida com a Carla para ser apreciada, quando, na verdade, eu só precisava ser eu mesma e assumir o meu EU autêntico.

E lá estava ela, a minha lacuna! Ouvi tantas vezes o comentário "como você é autêntica!", que percebi que essa é uma das coisas que me torna diferente dos outros palestrantes. Com a motivação para aceitar o medo, também dei a essas pessoas alguém com quem elas podiam se identificar.

Então, quem é a sua Carla? Quem é essa pessoa ou grupo de pessoas com quem você está constantemente se comparando? A melhor maneira de você se diferenciar e combater a síndrome do impostor é identificar uma lacuna e assumir as coisas que o tornam notável.

SOU NOTÁVEL EM...

Estamos constantemente observando, em nossa equipe ou classe, quem é mais inteligente, mais produtivo, mais bonito, mais engraçado, mais feliz ou mais rico. Mas a verdade é que conseguimos ver as qualidades dos outros, mas não as nossas.

AVISO: Exercício desconfortável à frente. Repita comigo: manda ver!

EXERCÍCIO

Sei que você adora se criticar e reparar em todos os seus defeitos. Eu também gosto de implicar comigo. Mas, nos próximos cinco minutos, quero que você pense *apenas* nas coisas em que você é *notável*. Porque, quanto mais olhamos para fora e tentamos ser como outras pessoas, menos autênticos nos tornamos e mais infelizes ficamos. Por isso, desafio você a citar 10, sim, 10 coisas que tornam VOCÊ não único, diferente ou extraordinário, mas notável. São as coisas que fazem você ter orgulho de si mesmo diariamente, por exemplo, sempre chegar na hora para as reuniões, ser uma boa filha/um bom filho, saber se defender ou ser bom em reconhecer as virtudes dos outros. Você também pode incluir algumas das suas melhores características ou realizações. É um passo difícil e desconfortável, mas muito necessário.

Este exercício é uma iniciativa do Google, originalmente criado por Anna Vainer e Anna Zapesochini, para capacitar mulheres e grupos sub-representados a celebrar suas conquistas dentro e fora do local de trabalho, quebrando padrões estabelecidos e preconceitos. O objetivo é mostrar aos participantes a importância da autopromoção na carreira profissional e fornecer ferramentas para que comecem a desenvolver essa habilidade.

Sou notável porque...

Depois de fazer sua lista, peça a duas ou três pessoas bem próximas que citem algumas coisas que elas acham notáveis em você (não mostre sua lista para elas, pelo menos não enquanto elas não mostrarem a delas para você). Você pode se surpreender com as respostas.

AUTOACEITAÇÃO *VS* AMOR-PRÓPRIO

AUTOACEITAÇÃO é quando tomamos a decisão de assumir as coisas que não podemos mudar ou que não gostamos em nós mesmos. Algumas coisas que eu gostaria de não ter são: usar óculos para enxergar o mundo, uma quantidade insana de pintas e sardas, baixo limiar de dor e baixa estatura. Mas essas coisas, e aquelas que eu gosto em mim, combinam-se e me tornam uma pessoa completa e verdadeira. **Aqueles que conseguem se aceitar como são (***perfeitamente imperfeitos***) são os que chegam mais perto de alcançar a verdadeira felicidade.**

AMOR-PRÓPRIO é quando você quer se tornar a melhor versão de si mesmo e, então, se coloca em uma posição desconfortável para fazer isso acontecer. Você sabe que tem coisas que não pode mudar, como voz, altura, genética, orientação sexual ou cor da pele, mas tem aquelas que você pode mudar e que exigem muito amor-próprio. Se você não gosta de ser egoísta, pode melhorar. Se você não gosta de ter uma postura negativa em relação à vida, pode melhorar. Você pode melhorar para se tornar mais apto, consciente, seguro e flexível.

É natural tentar melhorar. **O autoaperfeiçoamento não é sinal de que você não se aceita como é, mas de que está disposto a se tornar um pouco melhor a cada dia.** Além disso, a melhoria contínua é o que nos dá o sentimento de ter um propósito. Esperamos um amanhã melhor porque sabemos que podemos controlar nossa vida, em vez de nos tornar vítimas das condições atuais.

O importante é que a melhoria seja para você, não para os outros. Se você está de bem com seu peso, sua cor de cabelo ou seu estilo de vestir, não precisa mudar nada. Se tem alguém próximo que sempre diz que você precisa mudar, tente explicar a essa pessoa que você gosta do jeito que é e espera que ela compreenda e respeite isso. Mas talvez ela precise andar com outras pessoas para ser mais feliz. E, acredite, você também deveria.

Na verdade, a gente nunca consegue agradar a TODOS. Então, comece por si mesmo e depois pense no resto.

O que você está disposto a aceitar em si mesmo? (autoaceitação)

Em que você gostaria de melhorar nos próximos meses?
(amor-próprio)

MARCA PESSOAL

Para criar uma marca pessoal, é preciso conhecer bem quem você é e ter coragem de mostrar isso para o mundo da forma mais autêntica possível. O que quer que você decida ser, seja com orgulho e mostre isso em todos os aspectos da sua vida.

Para conhecer melhor sua marca pessoal, aproveite esta oportunidade de olhar para dentro e defina claramente seus valores, seu tom e sua "proposta exclusiva". Esses elementos darão uma ideia melhor de como é o seu eu autêntico e a confiança necessária para ser essa pessoa o tempo todo.

Valores

Tudo começa aqui. Nossos valores definem do que gostamos e em que acreditamos. E embora possamos nos identificar com um milhão de valores, temos cerca de três ou quatro que definem a maioria das nossas escolhas e ações.

Eles não apenas definem grande parte da nossa personalidade, como também nos ajudam a tomar decisões e determinar quem são nossos amigos, os lugares que frequentamos, o que vestimos, ouvimos, lemos ou assistimos. Todas essas coisas têm a ver com os valores que achamos importantes. Se você acha importante proteger os animais, espero sinceramente que não coma, vista ou calce nada de origem animal nem assista às touradas na TV.

Algumas pessoas valorizam mais a família, e outras, a estabilidade, a riqueza ou a integridade. Olhando para meus amigos e analisando meu relacionamento com eles, vejo que os mais próximos são aqueles que, em maior ou menor grau, têm os mesmos valores que eu.

Depois que entendi esse conceito, levei cerca de *dois anos* para descobrir e definir claramente meus principais valores. E, depois de analisar meu processo de tomada de decisão, cheguei à conclusão de que, embora eu valorize um bocado de coisas, os quatro principais valores que determinam minhas ações são:

1. **AUTENTICIDADE:** a necessidade de me diferenciar dos demais e ser 100% coerente com a "minha marca" o tempo todo.

2. **TRANSPARÊNCIA:** a vontade de mostrar quem eu sou e o que acontece na minha vida. É isso o que me torna uma pessoa autêntica, identificável e acessível.

3. **CORAGEM:** a decisão de optar pelo crescimento, em vez do conforto, sempre que puder e a determinação de me colocar em uma posição desconfortável para atingir meus objetivos.

4. **ESTÉTICA:** Por ser designer, esse valor é o que me leva a um restaurante por causa de seu logotipo, da sua marca e de quanto os pratos são bem-feitos. Pode parecer meio superficial, mas não posso negar: o design, a tipografia, a cor, a escrita e a criatividade em geral são importantes para mim.

Esses valores também podem mudar! Mesmo que autenticidade, transparência e estética estivessem presentes na minha vida desde pequena, a coragem é um valor que convidei intencionalmente para o meu mundo há poucos anos. E, curiosamente, é um valor que nunca pensei que teria. Na verdade, tenho quase certeza de que o valor que substituí quando acrescentei a coragem foi o conforto, porque eles são mutuamente excludentes. Ou você valoriza o conforto ou a coragem.

Agora, quero que você marque na próxima página três valores que considera cruciais. Além deles, marque outro: um que gostaria de incluir no seu mundo. Se esses valores não dizem nada para você, crie outros!

VALORES

Precisão	Autenticidade	Aventura	Equilíbrio
Simplicidade	Colaboração	Conexão	Compaixão
Coragem	Criatividade	Disciplina	Excelência
Ética	Fé	Liberdade	Amizade
Felicidade	Consideração	Saúde	Humor
Integridade	Justiça	Estilo	Amor
Gratidão	Família	Lealdade	Paixão
Poder	Segurança	Estabilidade	Transparência
Riqueza	Responsabilidade	Comunidade	Diversidade
Equidade	Honestidade	Empatia	Divertimento
Inclusão	Respeito	Abnegação	Otimismo

Depois de definir seus principais valores, você precisa definir seu tom.

Tom

O tom é o que dá personalidade às palavras e ações das pessoas, e é uma parte importante da nossa essência. Imagine a história da Chapeuzinho Vermelho contada da melhor maneira pelas seguintes personalidades:

ELLEN DEGENERES

SACHA BARON COHEN

Julia Child

DONALD TRUMP

Que perspectivas (ou tons) diferenciariam a narrativa dessas pessoas?

ELLEN provavelmente seria estimulante e um pouco parecida com Dory, sua personagem nos filmes *Procurando Nemo* e *Procurando Dory*. Com certeza, ela contaria a história com um grande sorriso no rosto, mesmo na parte em que o lobo mau é assustador. Posso até vê-la rindo porque acha a cena meio ridícula.

Julia Child contaria a história de forma mais suave. Ela falaria num tom calmo e reconfortante. No final, acabaríamos chorando, aprendendo a lição e ficando com vontade de comer uma de suas deliciosas tortas de maçã.

SACHA BARON COHEN, provavelmente, representaria as duas personagens com ironia ao longo da história. Ele encarnaria totalmente o lobo mau, a Chapeuzinho Vermelho *e* a vovó também, sendo totalmente fiel às personagens. Nós, por outro lado, faríamos xixi na calça de tanto rir. E o lobo com certeza teria aquele sotaque de seu personagem Borat, que ele representa tão bem.

DONALD TRUMP seria muito monótono, provavelmente repetiria cada palavra cinco vezes, divagaria com algumas opiniões próprias e diria, inclusive, que a Chapeuzinho Vermelho deveria construir um muro.*

Como *você* contaria essa história? Qual seria o seu tom: cômico, edificante, auspicioso, sério, técnico, poético, confiante, calmo, inocente, estranho?

---

* Alusão à proposta de Trump, enquanto candidato à presidência dos EUA, de criar um muro na fronteira entre EUA e México.

Escreva algumas palavras que descrevem seu tom pessoal aqui:

Proposta exclusiva de valor

Sua proposta exclusiva de valor é a única coisa que diferencia você das demais pessoas, coisa que aprendi no curso de publicidade.

No processo de venda de um produto ou serviço, a primeira coisa que tínhamos de fazer era criar uma proposta exclusiva de valor: qual produto ou serviço o cliente queria que destacássemos?

Sobre o hambúrguer da Wendy's, por exemplo, destacamos que eles são quadrados, e não redondos. Outra vez destacamos o fato de que a carne é sempre fresca, e nunca congelada. Sempre havia algo que podíamos usar para atrair segmentos diferentes de público e fazer que o hambúrguer da Wendy's se destacasse dos outros em sua categoria. Até hoje faço isso, só que, em vez de ser para um cliente, faço para mim mesma e para a minha marca pessoal.

Qual é a *minha* proposta exclusiva de valor?

É uma pergunta que comecei a fazer depois da experiência com a Carla. Decidi criar uma lista das coisas que me fizeram ser quem sou e ajudaram a me destacar entre os outros palestrantes de empresas:

1. Posso dizer que, para quem mora nos Estados Unidos, **tenho um sotaque**, e as pessoas não conseguem identificar de onde ele é. Além disso, não há muitos palestrantes internacionais, o que ajuda a me destacar. E, embora muitos deles tenham vergonha de seu sotaque, eu tenho orgulho do meu. Acredito que ele me torna um pouco mais interessante.*

2. Na mesma linha, agora começo e termino *todas* as minhas apresentações **dançando** *reggaetón* e mostrando meu gingado latino (que um dia aparecerá no *Dançando com as estrelas...* deixe-me sonhar, tá?). Dançar é sinal de coragem, o que reforça a minha mensagem. No final da apresentação, faço todo mundo soltar a franga, o que é MUITO bom.

3. Como já fui diretora de arte, **faço** o melhor **em meus** slides **para criar uma experiência visual incrível para o público.** Isso não apenas torna a minha apresentação mais marcante e surpreendente, mas também interessante para o Instagram. O público tira fotos de cada *slide* para compartilhar com os colegas.

---

* Essa é para você, imigrante! Assuma seu passado, sua cultura, seu sotaque e tenha orgulho deles. É bonito e ajudará você a se destacar, onde quer que esteja.

4. **As pessoas me acham um pouco nova** para ser palestrante, o que enfatizo falando sobre o conceito de **beleza natural.** Tento ao máximo não exagerar. Evito cílios postiços, vestido justo e desconfortável ou sapato alto de verniz. Prefiro um *look* casual elegante.

5. Tirando as coisas que certamente ajudam a minha marca pessoal e a minha mensagem parecerem novas e autênticas, tenho uma história única para contar que vai além de tudo o que estudei ou pesquisei. **A experiência de enfrentar 100 medos** é algo de que ninguém pode falar melhor do que eu.

Você já imaginou qual seria a sua proposta exclusiva de valor? Se você tem mais de uma, melhor ainda! Às vezes, pode ser uma combinação de coisas que, quando somadas, definem exatamente o que as torna diferentes.

Por exemplo, se fosse resumir minha proposta em um parágrafo, incluindo todos os elementos que mencionei acima, eu diria: Michelle é uma palestrante internacional com uma abordagem nova e uma história única. Sua apresentação envolvente fará todos os presentes desejarem uma foto de seus *slides* coloridos, rirem de seus "micos" nos vídeos, com os quais todo mundo se identifica, e anotarem as lições de vida inesperadas que ela compartilha desde o momento em que decidiu transformar sua vida enfrentando seus medos.

Como você pode ver, uso adjetivos muito específicos para descrever quem sou, o que faço, como faço e por que faço.

Minha proposta exclusiva de valor é:

_____

_____

_____

_____

_____

_____

_____

_____

_____

Agora que você descobriu qual é sua marca pessoal (seus valores, seu tom e sua proposta exclusiva de valor), pergunto: você teria coragem de enfrentar o mundo lá fora mostrando exatamente a que veio?

VOCÊ e a sua marca

Não é que eu queira transformá-lo em um influenciador... tá, talvez eu queira. Mas pense no seguinte: se você fosse uma marca, que tipo de valor agregaria ao mundo? Antes de responder, LEIA este trecho do livro *A guerra da arte*, de Steven Pressfield:

Você nasceu escritor? Veio ao mundo para ser um pintor, um cientista, um apóstolo da paz? No final, a pergunta só pode ser respondida pela ação.

Ou você faz ou não faz.

Se você foi destinado a descobrir a cura do câncer, escrever uma sinfonia, realizar a fusão a frio e não o fizer, não prejudicará apenas a si próprio, mas também a seus filhos, a mim, ao planeta.

O trabalho criativo não é um ato egoísta ou um pedido de atenção por parte do agente. É uma dádiva para o mundo e para todo ser vivo que o habita. Não nos prive de sua contribuição. Mostre o que você tem para dar.

—STEVEN PRESSFIELD

Agora, voltando para você, querido leitor, em que você é tão bom que ajudaria outras pessoas com o seu conhecimento? Se você é cabeleireiro, provavelmente sabe *muito* sobre cuidados com os cabelos, diferentemente de mim. Se você é nutricionista, deve saber todas as dicas para preparar refeições mais saudáveis, o que eu adoraria conhecer. E, se você é ginecologista obstetra, poderia compartilhar todos os conselhos sobre fertilidade que aprendeu ao longo dos anos. Tenho certeza de que muitas mulheres de 30 anos que estão evitando ter filhos (como eu) adorariam saber o que você tem a dizer. Eu, pelo menos, adoraria!

Mas você teria coragem de se expor publicamente e mostrar aos outros a que veio? Se eu pudesse ler sua mente neste momento, diria que está pensando nos milhares de cabeleireiros, nutricionistas ou ginecologistas obstetras que existem, que estão fazendo sucesso com suas conexões importantes e conteúdos relevantes, certo? É verdade, mas nenhum deles é *você*. Nenhum deles passou por SUAS experiências de vida, tem a SUA personalidade e a combinação de coisas que só VOCÊ oferece. E você pode não ser *o melhor*, mas, *com certeza*, contribui com seu valor sendo do seu jeito. É só saber contar a história.

Como contar uma história

Meu professor da Faculdade de Artes Visuais, Tom Guarriello, uma vez citou uma frase famosa do poeta Muriel Rukeyser: "O Universo é feito de histórias, não de átomos". Porque, na verdade, podemos dizer as mesmas coisas ao mesmo tempo, mas o que fica gravado na memória das pessoas não é necessariamente o conteúdo, mas a maneira como ele foi compartilhado.

A história é a última coisa que você deve considerar ao compartilhar seu mais autêntico *eu* com o mundo, em seu tom mais autêntico. Não se trata *do que* você compartilha, mas de *como* compartilha. Sabe quantas pessoas *neste momento* estão falando sobre *medo*? Muitas, mas nenhuma delas fala exatamente como eu.

Se eu quiser inspirar você a fazer uma coisa, por exemplo, ter coragem de pedir uma promoção no trabalho, posso ir direto ao ponto e citar todos os motivos para que faça isso. Ou posso contar uma *história* convincente a meu respeito e mostrar o que EU fiz para conseguir isso. Dessa forma, você terá mais chances de fazer as pessoas ouvirem, se identificarem com a sua mensagem e concordarem com qualquer ideia ou produto que esteja vendendo.

Você pode usar a história em um *e-mail* para pedir algo que deseja. Você pode usar um artigo informativo no seu *blog*, uma postagem nas redes sociais ou até vender algo no eBay! Não acredita?

Quando nos mudamos para Nova York, percebemos que não precisávamos mais de carro, então Adam decidiu vender o lindo Camaro de que ele *gostava de paixão*. Ele postou fotos profissionais do carro no eBay com uma descrição detalhada e... cri-cri-cri nada aconteceu. Havia muitas pessoas oferecendo o mesmo carro, pelo mesmo preço, no mesmo *site*.

Um mês depois, pedi a ele para me deixar tentar vender o carro do meu jeito, contando uma história. Como estava desesperado, ele concordou. Decidi criar um vídeo divertido contando a história do amor de Adam pelo carro, mostrando TODAS as boas lembranças que nós, o casal, tínhamos graças a ele, e quanto era difícil para Adam se desfazer dele.

Adam achou minha estratégia péssima porque mostrava aos possíveis compradores quanto tínhamos usado o carro.

— Quem vai querer comprar um carro tão rodado? — ele disse.

Duas horas depois, um homem de 65 anos da Carolina do Norte enviou um *e-mail* para Adam fazendo uma oferta. Ele disse:

Adam, vi seu Camaro à venda no eBay. Parece ótimo. Mas quero acrescentar que fiquei tão impressionado com o vídeo da sua esposa que já assisti umas trinta vezes.

Lembrei-me de minha esposa e eu, no início do casamento, quando me dei um Camaro conversível de 1967 de "presente de formatura" na faculdade. Foi um grande negócio. Já éramos casados quando entrei na faculdade. Mas, como você, ao longo da jornada da vida, com a família crescendo, tive que me desfazer do conversível.

Esse vídeo foi uma incrível ferramenta para mostrar a história do carro que você está vendendo. É uma alegria ver vocês dois curtindo a vida, como aconteceu comigo e minha esposa.

Espero que retorne meu contato. Por favor, agradeça à sua esposa por trazer à tona antigas lembranças.

Havia mais vinte pessoas vendendo um Camaro pelo mesmo preço, mas o comprador escolheu o nosso. Ele e Adam são amigos até hoje. E eu, mais uma vez, percebi o poder de:

- IDENTIFICAR UMA LACUNA.

- DIFERENCIAR-NOS E FAZER AS COISAS DO NOSSO PRÓPRIO JEITO.

- USAR UMA HISTÓRIA PARA TRANSMITIR UMA MENSAGEM E NOS CONECTAR COM OUTRAS PESSOAS.

- ACREDITAR EM NÓS MESMOS E NAS COISAS QUE NOS TORNAM NOTÁVEIS, NAQUILO QUE NOS TORNA AUTÊNTICOS!

QUATRO PRINCIPAIS *lições*

Acesse a página *hellofearsbook.com* para explorar outras atividades em inglês que dão vida a este capítulo.

→ Leia a minha carta de apresentação em inglês para a Savannah College of Art and Design (SVA).
→ Leia a minha carta de demissão em inglês.
→ Veja o portfólio em inglês que enviei para a admissão na SVA.
→ Ouça um *podcast* da incrível Carla Harris.
→ Leia o livro *A guerra da arte*, de Steven Pressfield.
→ Assista a um vídeo que o Google fez em inglês sobre a iniciativa #IAmRemarkable.
→ Ouça minha amiga comediante Joanna Hausmann falar em inglês sobre autoaceitação em um *podcast* que fizemos juntas.
→ Leia em inglês *Stories That Stick* de Kindra Hall.
→ Veja o vídeo que fiz em inglês para vender o Camaro de Adam no eBay.

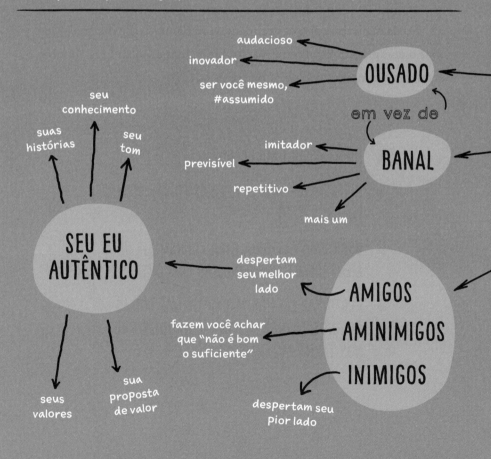

aceitar que somos "perfeitamente imperfeitos"

aceitar o que não podemos mudar em nós mesmos

traz a verdadeira alegria

AUTOACEITAÇÃO VS. **AMOR-PRÓPRIO**

você se esforça para ser melhor

com base em suas próprias expectativas

E aí, VOCÊ?

assumindo seu VERDADEIRO EU

busca inspiração fora da sua área

assume o que o torna notável

identifica a lacuna

tem CORAGEM de fazer bom uso dela

vitimizar ←

reforça a síndrome do impostor

insegurança   preocupação

COMPARAR-SE VS. **DIFERENCIAR-SE**

você fica vulnerável

acaba com a síndrome do impostor

CINCO

E aí, MALDOSOS?

APRENDENDO A SE EXPOR E A LIDAR COM AS CRÍTICAS

A VIDA INTEIRA SONHEI EM fazer alguma coisa importante, mas nem tanto a ponto de virar notícia. Eu não sabia o que seria, mas precisava conseguir esse objetivo antes de morrer.

Naquele dia, consegui!

Sou do *DailyMail.com* e estou entrando em contato porque AMAMOS o seu projeto "100 dias sem medo" e gostaríamos de fazer o mesmo! Adoraríamos escrever um artigo sobre isso no nosso *site* e queremos saber se podemos usar trechos dos seus vídeos em uma montagem para promover o artigo (já que faz parte da história!) para os milhares de usuários que nos seguem em todo o mundo.

Esse é (literalmente) um trecho do *e-mail* que recebi em 19 de maio de 2015, do *Daily Mail*. Era o 44º dia do meu projeto de 100 dias e foi então que senti **um medo que nunca imaginei que tinha: de viralizar.**

Naquela hora, não senti medo, só fiquei surpresa. Foi tão inesperado que congelei. Não sabia o que dizer. Só que, horas depois, minha história não estava apenas em uma das mídias mais lidas do Reino Unido, o *Daily Mail*, mas em *dezenas* de outros *sites*.

Ainda eram 9 horas da manhã. Entrei em *choque*.

Eu queria ficar em casa para assimilar o que havia acabado de acontecer, mas tinha de ir para o trabalho e *trabalhar*, entende? Meu chefe tinha me pedido para fazer uma campanha para uma rede de supermercados e postagens em redes sociais de uma marca de maquiagem. Ai, ai.

Enquanto isso, minha caixa de entrada estava sendo inundada de *e-mails*, mas não exatamente do meu chefe.

ESTADO DA CAIXA DE ENTRADA: ABARROTADA

Ei, Michelle, sou Marcin, da Polônia. Achei sua história muito inspiradora. Gostaria de poder enfrentar meus medos como você. Sempre quis viajar, mas morro de medo de avião. Algum conselho? Aqui vai uma sugestão para seu próximo medo: fazer o casamento em um hotel chique de Nova York!

Minha lista incompleta de medos estava no meu *site*, para que todos pudessem ver, com uma legenda que dizia: *"Ainda preciso de mais ideias para completar a lista; por favor, enviem sugestões por* e-mail. *Obrigada!"*. Meu *e-mail* estava lá, e as pessoas anotaram. Em pouco tempo, comecei a receber mensagens de pessoas diferentes, em diferentes países, dizendo como se sentiram inspiradas depois de ler minha história, e a maioria sugeria algum medo comum (ou seu próprio) para incluir na minha lista. Minha história e meus vídeos tinham chegado ao MUNDO INTEIRO.

Curiosamente, um dos medos que eu não estava pronta para enfrentar era o de falar diante da câmera. Todos os meus vídeos eram com música, texto e expressões faciais sem palavras. E, quando vi *e-mails* que vinham de diversos países, como Brasil, Austrália, Espanha e Taiwan, percebi que pessoas de diferentes nacionalidades podiam me entender e se identificar comigo facilmente. Descobri que **a linguagem do**

medo é universal, é um sentimento com o qual qualquer um pode se identificar, não importa de onde seja ou quantos anos tenha.

Sei exatamente o que você está pensando agora: *o que aconteceu com a campanha do supermercado e as postagens em redes sociais que você tinha de entregar naquele dia?*

Eu não entreguei. Não consegui! Como poderia? Tudo que eu queria fazer era pular no meio do escritório lotado de gente e gritar: EU TINHA VIRALIZADO!!!

"Michelle, meu namorado na Espanha disse que estão falando de você no rádio! Ele estava dirigindo e teve de parar o carro para ter certeza de que não estava louco rsrs." Comecei a receber mensagens de texto como essa de amigos de todo o mundo.

Pense nisto: eu trabalhava para uma rede de supermercados e para uma marca de maquiagem e, de repente, o mundo inteiro sabia meu nome e conhecia a minha história, e eu não tinha o menor controle sobre isso. E se uma pessoa que segue as minhas publicações sobre maquiagem vir a minha história compartilhada na linha do tempo?

Eram 11 horas da manhã e eu ainda tinha mais de 400 *e-mails* de estranhos para ler e, agora, cerca de uma dúzia do meu chefe (que NÃO estava contente) perguntando onde estavam meus arquivos finais.

A essa altura, comecei a filtrar os *e-mails* importantes para não me perder. CNN, HuffPost LIVE, Univision, CBS Sunday Morning, Fox News e Channel One Russia enviaram *e-mail* me convidando para uma entrevista ao vivo, de preferência enfrentando um dos meus medos.

AI, MEU DEUS!

NORMAL

Sempre imaginei o que sentiria se me visse no noticiário. Com certeza, era um dos meus #sonhosdevida, mas nunca pensei que pudesse se tornar realidade e, quando aconteceu, não tive a reação que imaginava.

Eu pensava que, quando visse meu rosto em TODO lugar, acharia:

☐ SURREAL
☐ ESTRANHO
☐ INCOMUM
☐ SURPREENDENTE
☐ ESTIMULANTE
☐ ESQUISITO
☑ TODAS AS ALTERNATIVAS ANTERIORES

Mas, por alguma razão, pareceu... normal.

Normal? Espera, como é? Sim. Bem, não achei *normal*, normal, mas não foi tão gratificante quanto pensava. É como se eu soubesse que isso aconteceria ou como se já tivesse acontecido antes. Não fiquei surpresa e não achei estranho ver meu rosto em todos esses *sites* incríveis.

E, por isso, senti... um vazio.

Pensei: *mas que diabos? Sempre quis isso e, agora que aconteceu, não sinto nada de especial.* Ver a minha imagem estampada em todo lugar não me deu satisfação porque não vi o impacto. Era só um lado da moeda, em que eu RECEBIA a atenção, e não foi suficiente.

Mas tinha uma coisa que me dava satisfação. Receber *e-mails* de pessoas do mundo todo que se identificavam com meu medo e queriam minha ajuda foi surreal, emocionante, surpreendente e "todas as alternativas anteriores". **Pela primeira vez, senti a estranha necessidade de ajudar os outros.** Queria responder a todos os *e-mails* e dizer: "Eu era como você. Na verdade, ainda sinto medo! Mas vá em frente de qualquer maneira. Você também merece tornar seus sonhos realidade. Fale comigo se precisar de ajuda".

Não vou mentir, gostei da atenção e de ter a oportunidade de enfrentar meus medos diante da câmera em todas as redes. Aparecer no CBS Sunday Morning fazendo trapézio, na Fox News distribuindo abraços "de graça" na Times Square e na Univision ajudando pessoas necessitadas foi bem legal. Ver celebridades como Ashton Kutcher, Sofía Vergara, George Takei, Zooey Deschanel e o *rapper* Lil Wayne compartilharem a minha história também foi *muito* bom. Até o gerente de redes sociais do Ashton Kutcher sabe meu nome!

Mesmo com todo o burburinho, brilho e *glamour*, o que realmente me chamou a atenção e me emocionou foi ver que o que eu fazia inspirava as pessoas. Por mais incrível que fosse, descobri que queria viralizar porque tinha um **propósito**.

Você deve estar se perguntando: *por que ficou apavorada quando viralizou, então? Não era isso que você sempre quis?*

TROLLAGEM

Fato interessante: quando você viraliza, não recebe apenas amor e incentivo como imagina. No meu mundo perfeito, viralizar significava receber apenas elogios e reconhecimento. Eu imaginava que seria como cair em uma nuvem de algodão doce cor-de-rosa... fofo, doce e perfeito.

Já ouviu falar em *trollagem*? Não tem nada a ver com as personagens fofinhas de cabelo cor-de-rosa do filme *Trolls*. *Trollagem* são comentários negativos de pessoas maldosas (chamadas de *haters*) que ficam na internet, escondidas atrás da tela do computador, e tornam a vida dos outros um inferno. É como uma mancha no meio de um lindo vestido branco: uma vez lá, é difícil ignorar e reparar no resto do vestido, por mais bonito ou caro que ele seja. A mancha se torna o centro das atenções. Embora meus artigos no Facebook tivessem centenas de milhares de curtidas, corações e comentários positivos, inevitavelmente eu reparava só nos maldosos e me sentia vulnerável, incompreendida ou revoltada.

O palestrante A'ric Jackson tem uma ótima definição para o *hater*:

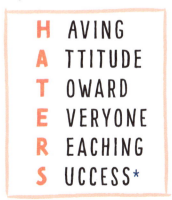

H AVING
A TTITUDE
T OWARD
E VERYONE
R EACHING
S UCCESS*

---

*   Gente que odeia quem faz sucesso. (tradução livre) [N. do T.]

Arrebentou!

Meus amigos me diziam: "Não pense nisso, ignore os comentários maldosos, Michelle". Mas meu negócio é enfrentar o medo, então **ignorá-los não parece a coisa certa.**

ENFRENTANDO A CRÍTICA

Em um vídeo do YouTube (48º medo, medo de *trollagem*), decidi mostrar o máximo possível desses comentários negativos e ler um por um em frente à câmera. Se era para enfrentar a crítica, queria fazer da maneira certa. A ideia era *analisar* esses comentários e mostrar o que está por trás da crítica.

> "Em primeiro lugar, ela parece ridícula com esses medos patéticos. Com certeza, não dava para viver bem desse jeito."

> "Milhares de pessoas vencem o medo todos os dias, mas elas não ficam se filmando! rsrs Tudo pela fama!"

> "Era uma vez uma garota... que vivia fechada numa redoma."

"Como seria bom ter dinheiro para fazer essas coisas. E tempo.
Quem sabe passar 100 dias tentando arranjar um emprego."

Eu tinha um! Trabalhava em tempo integral, estudava à noite, enfrentava 100 medos e estava quase sem dinheiro. Era muito chato, mas eu não sabia se valia a pena responder a essas pessoas com a verdade: sim, eu passei a vida inteira dentro de uma redoma, mas ela se chamava "zona de conforto", e esses medos me impediam mesmo de viver plenamente.

Tudo o que eu queria era me tornar uma versão mais corajosa de mim mesma, para mim, para meu marido e para meus futuros filhos.

Percebi que achava muito difícil ler esses comentários porque eles me desafiavam. Creio que achei que eles tinham certa razão. Até aquele ponto, os medos que eu tinha enfrentado estavam, digamos, 30% fora da minha zona de conforto. Estava na hora de ir atrás de medos maiores e mais arriscados, e de levar o projeto a um novo patamar. Eu queria provar que os *haters* estavam errados e mostrar que esse projeto era para valer e eu falava sério. Ou talvez eu quisesse apenas provar *para mim mesma* que estava certa.

Respirei fundo e pensei: *vocês acham que isso é bobagem? Que meus medos são ridículos? Que estou fazendo coisas que as pessoas fazem diariamente? ME AGUARDEM!*

Aquele dia foi crucial para mim. Decidi que enfrentaria meus maiores medos, como:

☐ SEGURAR UMA TARÂNTULA
☐ DEIXAR O EMPREGO
☐ SALTAR DE PARAQUEDAS
☐ FAZER *STAND-UP COMEDY*
☐ POSAR NUA PARA UMA AULA DE PINTURA (CALMA, VOU EXPLICAR)

Os comentários maldosos que li me fizeram perceber que eu precisava continuar. Eu tinha uma responsabilidade maior que a de ganhar coragem. As pessoas agora diziam para eu enfrentar o medo de ser rejeitada, viajar sozinha, ficar perto de cães e falar em público, para que *elas* se sentissem inspiradas a fazer o mesmo.

Os *haters* não me paralisaram; eles me estimularam. Eles puseram mais lenha na fogueira.

Isso não teria acontecido se eu não tivesse me exposto, foi o que eu disse a mim mesma duas vezes. Na primeira vez, revoltada, quando li os comentários dos *haters* na internet. E, na segunda vez, maravilhada, quando li os comentários das pessoas que eu ajudei.

EXPOSTA DEMAIS?

Nós nos expomos sempre que mostramos algo que fizemos para o mundo. Para mim, não há NADA mais triste do que ver um talento bruto se esconder com medo de crítica. Conheci cantores incríveis que não se apresentariam em nenhum lugar, a não ser no chuveiro e só se estivessem sozinhos em casa. Conheço fotógrafos talentosos que deixam as fotos em um disco rígido externo, escritores que deixam suas anotações embaixo do travesseiro e avós que deveriam ganhar uma estrela Michelin, mas só cozinham para a família.

Não queremos que nosso ego fique ferido, então não contamos para ninguém. Certo? Porque... e se não formos tão bons assim naquilo? Por que fazer se há milhares de pessoas fazendo a *mesma coisa*? E se não formos tão bons quanto pensamos? Vale a pena?

Essas são algumas perguntas que o medo da crítica instala na nossa cabeça.

Caramba! Mesmo agora, a cada duas linhas que escrevo, ainda me questiono! *E se este livro que estou escrevendo for banal? Quer dizer, não sou nenhuma escritora, então será que o que escrevo é bom? Mais um livro sobre medo,* afe! *Quem vai ler, afinal?*

Mas continuo firme, escrevendo sozinha, palavra por palavra, capítulo por capítulo. Decidi seguir a outra voz na minha cabeça, aquela que diz: *pode existir um milhão de livros sobre o medo, mas nenhum sob a sua perspectiva, com as histórias que só você viveu, em seu tom alegre e com suas próprias lições e teorias. Algumas pessoas podem não gostar, mas outras vão adorar e começar a encarar o medo de outra forma.*

Ele pode não se tornar um best-seller*, mas e se mudar a vida de algumas pessoas? Continue, deixe seu futuro eu com orgulho de você.*

O que você compartilharia com outras pessoas se soubesse, com certeza, que seria apreciado? E se eu dissesse que isso mudaria a sua vida, a sua carreira e as suas possibilidades? Melhor ainda, e se mudasse a vida de outras pessoas?

Você já assistiu ao filme *Bohemian Rhapsody*? Se ainda não, feche este livro agora, vá assistir e, depois, volte. É SÉRIO! Mas marque esta página para saber onde parou. Eu assisti duas vezes. Na primeira no cinema, e chorei porque Freddie Mercury morreu. Na segunda vez num avião, e também chorei, mas por um motivo diferente: passei a admirar a vida desse humano incrível. Posso dizer que a música dele torna a minha vida um pouco melhor e que gostei de conhecer a história por trás da banda Queen e do ídolo Freddie Mercury. Então, pensei: e se Freddie Mercury tivesse deixado sua insegurança interferir? E se ele tivesse acreditado naquela voz maldita, que todos temos na cabeça, que diz que *não* somos bons *o suficiente*, *não* estamos prontos ainda, *não* somos *tão* bonitos ou originais assim? Se ele tivesse dado ouvidos a essa voz, não teríamos a oportunidade de apreciar seu talento. Nada de "We Are the Champions", "Somebody to Love" ou "Bohemian Rhapsody"! Daí, pensei em todas as músicas de pessoas talentosas que nunca vêm ao mundo porque elas acreditam nessa voz maldita, voltam atrás, preferem ficar em uma zona confortável e evitar a crítica. Foi nesse momento que comecei a chorar.

Então, um brinde a Freddie Mercury e à sua grande confiança. Ele saiu para o mundo para ser admirado, apesar de o pai desaprovar e de ele se preocupar com o que a sociedade pensaria do seu jeito de ser e das suas preferências em relação às pessoas. Que todos sejamos um pouco mais como Freddie.

ALMAS CORAJOSAS

Quando ousamos nos expor, ficamos *extremamente* vulneráveis, e isso é apavorante. **Ficar vulnerável exige coragem**, porque, quando damos o passo de sair para o mundo, tudo pode acontecer. Podemos vencer ou fracassar, mas, não importa o que aconteça, os *haters* vão odiar.

Na maioria das vezes, ficamos paralisados pensando na reação ou na resposta negativa que podemos receber, o que confirmaria nosso medo mais profundo de que não somos tão bons assim. Mas o que não vemos é que, quando decidimos nos expor, para muitos, já vencemos. São aqueles que adorariam ter coragem para se expor da mesma maneira, mas não o fizeram, e aqueles que já estiveram no seu lugar e sabem exatamente o que você está passando. São essas pessoas que chamo de *almas corajosas*. E, se você está lendo este livro, é uma delas.

Eu penso o seguinte: não importa o que aconteça, os *haters* vão odiar, mas as almas corajosas que estiverem vendo vão apreciar a sua coragem, seja qual for o resultado. Como alma corajosa, posso dizer para você que, sempre que vejo alguém chamar a atenção, compartilhando seus talentos com o mundo, de cara já admiro essa pessoa. Seja qual for seu talento, ela tem coragem, ambição, determinação e força. A primeira coisa que me vem à mente quando vejo alguém

Ficar
VULNERÁVEL
exige
CORAGEM.

tentando vencer é: "Como posso ajudar essa pessoa notável?". Se isso é tão importante para você a ponto de encarar o mundo lá fora, pode ter certeza de que estarei torcendo para dar certo!

Como você pode ajudar outras almas corajosas que conhece? Você pode compartilhar ou incentivar o que essa pessoa está fazendo? E, se o trabalho dela não estiver pronto ainda, você poderia dar um conselho ou estímulo para ela continuar tentando ou então apresentá--la a alguém que a ajude? Quando você se expuser, as almas corajosas notarão e ficarão ao seu lado para ajudá-lo. E, um dia, você também ficará ao lado de quem está dando os primeiros passos.

E, se as almas corajosas se unirem, bem... os *haters* que se cuidem!

Motivação atrai motivação e, no fim, sucesso atrai sucesso. Ninguém vence de cara. Precisei superar 40 medos para ser notada, ou seja, filmei, editei e publiquei 40 vídeos me perguntando se alguém se importava. Foi sorte? Viralizar depende de sorte? De onde vem a sorte? Pelo que aprendi, sorte é o que acontece quando se juntam talento e coragem.

Meu musical favorito da Broadway, *Dear Evan Hansen* (Querido Evan Hansen), conta a história de um menino que se sente invisível, desprezado e totalmente deslocado. Quer dizer, até o dia em que ele faz um discurso poderoso para toda a escola. Na peça, o discurso chamado "You Will Be Found" (Você será notado) viraliza, e milhões de adolescentes ao redor do mundo finalmente acabam se sentindo notados, compreendidos e menos solitários. Há um trecho em que Evan, emocionado com a quantidade de visualizações e comentários positivos, diz que não entende o que aconteceu e seu amigo responde: "Você conseguiu!".

Não foi o talento de Evan que o colocou no mapa, foi a coragem de ser notado, ficar diante das pessoas e fazer seu discurso poderoso.

A verdade é que **você só será notado se ficar à vista.**

NOTADO

Mas o que acontece quando você realmente é notado? E se o seu projeto, ideia ou música se tornar um sucesso? Você achava que seria difícil ser notado? Prepare-se para o que vem depois!

"Mas é claro, foi fácil para ela; seus pais a apoiaram", "olhe para ela, ela só se deu bem por causa da aparência", "com dinheiro, qualquer um consegue fazer isso". O que as pessoas invejosas mais gostam é de estragar o sucesso dos outros.

É fácil explicar o sucesso dos outros colocando fatores externos na equação e atribuindo o resultado a eles. Algumas pessoas fazem isso para se sentirem melhor consigo mesmas, pensando que também seriam capazes de fazer aquilo se estivessem na mesma situação.

São raros aqueles que não criam uma justificativa qualquer e entendem que aquela pessoa só chegou aonde está porque trabalhou muito para isso. A dedicação pode nos levar longe, mas temos que estar dispostos a nos colocar *consistentemente em uma posição desconfortável* para que isso aconteça, e são poucos os que estão dispostos a fazer a isso.

Mas não importa o que faça ou deixe de fazer, quando você for notado, as pessoas julgarão.

Ser julgado

Vou dar um ótimo exemplo.

Outro dia, uma amiga me ligou e me contou sobre uma conversa que teve com sua tia. Primeiro, preciso explicar uma coisa: a tia da minha amiga nunca tinha falado comigo. Ela sabia quem eu era, eu sabia quem ela era, mas, toda vez que a encontrava, dava um sorriso querendo dizer: "Oi, tia da minha amiga!", e ela me ignorava e desviava o olhar. Muito tosca!

Essa tia disse para a minha amiga: "Se a sua amiga Michelle não tem filhos depois de seis anos de casamento, provavelmente é porque não pode. Simples assim. Pobrezinha, ela deve estar arrasada".

Minha amiga respondeu que não era o caso. Ela contou à tia sobre meu sucesso, algo que ela já sabia, e tentou explicar que ter filhos era a ÚLTIMA coisa que eu queria, mas não adiantou. A tia continuou achando que eu *não podia engravidar e tinha vergonha de admitir*. Era a explicação mais fácil para a minha situação. Deus que me perdoe, mas foi uma escolha na época. Aos 29 anos de idade, eu vivia como nômade, viajava de um lugar para outro e curtia a vida ao máximo com meu maridinho.

Quando minha amiga me contou sobre a conversa, a única coisa que consegui pensar foi: conteúdo! Era a história perfeita para compartilhar com minha comunidade na internet para ilustrar uma questão importante que poderia ajudar outras pessoas na mesma situação.

Enquanto eu fui julgada por não ter filhos após seis ou sete anos de casamento, outros são julgados pela família e pelos amigos por viverem com alguém sem "casar no papel", por escolherem uma carreira inesperada ou por se vestirem de certa maneira. Existem padrões que devemos seguir e, quando isso não acontece, damos aos fofoqueiros motivo para falar de nós. Alguns inclusive dizem que o sucesso é o culpado de ter acontecido aquela coisa que eles reprovam ou sobre a qual não temos controle (e, portanto, não podemos ser responsabilizados).

Mas devemos fazer o que *nós* achamos certo e confiar nas decisões que tomamos. Nossa felicidade depende disso.

> "Não se desculpe por ter ultrapassado a zona de conforto de outra pessoa."
> —FONTE DESCONHECIDA

Essa citação me ajudou a superar as pessoas que só me julgam para se sentirem bem consigo mesmas e sua mente estreita. **Não podemos permitir que os** *haters* **nos definam ou estraguem nosso sucesso,** mas também não devemos ignorar seus comentários.

Minha estratégia para lidar com a crítica

Quando as pessoas me julgam ou criticam, gosto de fazer quatro coisas.

CONSIDERAR: Primeiro, considero o que elas estão dizendo e reparo nas palavras que usaram para falar da minha vida, das minhas escolhas, dos meus projetos ou de mim. Alguns comentários são totalmente ridículos, mas outros podem nos ajudar a entender que não somos perfeitos. Sempre há espaço para melhorar, e nos colocamos em uma posição ainda mais vulnerável quando consideramos essas sugestões não solicitadas. Eu me pergunto: isso é verdade? Você deve ser muito honesto ao responder a essa pergunta.

Tento deixar minha raiva inicial de lado (acredite, ninguém gosta de ser criticado) e respondo a essa pergunta com toda a sinceridade. Mesmo quando o comentário é maldoso, é importante descobrir se existe algum resquício de verdade.

IMPOR DISTÂNCIA: Paro um momento para pensar na pessoa que tem essa opinião. De onde ela é? No que trabalha? Que escolhas ela fez? Que batalhas enfrentou na vida (se enfrentou)? Qual é a intenção por trás do comentário: essa pessoa está fazendo uma crítica construtiva porque quer o melhor para mim ou está tentando me inferiorizar para se sentir melhor consigo mesma?

Essas informações me ajudarão a entender melhor o que está por trás do comentário e a me distanciar um pouco para não deixar as palavras me afetarem. Quando entendemos o contexto, fica mais difícil levar para o lado pessoal.

TOMAR UMA DECISÃO: Vou considerar esse comentário e mudar o que eu faço? Ou vou continuar fazendo a mesma coisa porque acredito demais em mim e quero muito mostrar para essa pessoa que ela está errada? Seja qual for a resposta, a decisão deve se basear no crescimento, e não no medo ou no conforto. Se eu decidir mudar, não será para agradar os outros nem para evitar mais críticas, mas porque reconheço que posso fazer melhor e que, embora pareça negativo, o comentário foi bem-intencionado. Agora, se eu decidir continuar no mesmo caminho, não é porque sou teimosa ou folgada, mas porque acredito no que estou fazendo e que é o melhor para alcançar os resultados que desejo.

TOMAR UMA ATITUDE: Sempre use a crítica como um estímulo para se tornar uma versão ainda melhor de si mesmo e provar que quem duvidou de você estava errado e você, certo.

No meu caso, depois que minha amiga me contou o que a tia dela pensava de mim, minha atitude foi compartilhar essa história com meu público no Instagram, e a resposta foi extremamente positiva. Centenas de pessoas me escreveram contando casos em que foram julgadas e disseram: "Obrigada, mas dispenso".

Embora a crítica dos outros machuque bastante, às vezes, o maior crítico de todos vive dentro da gente, na nossa cabeça.

A REVELAÇÃO (POSANDO NUA)

Um dia, quando eu estava no meio do meu projeto de 100 dias, uma grande amiga me visitou em Nova York. Enquanto eu treinava para enfrentar meu medo de trocar uma fralda com cocô (da filha dela de 6 meses), ela me desafiou a fazer algo que nunca imaginei ser capaz:

— Ei, que tal posar nua para uma aula de pintura?

Eu surtei (para dizer o mínimo). Respondi a ela que estava louca e até duvidei da sua amizade. Quer dizer, quem pensaria nisso? Mas logo percebi que minha reação era um sinal claro de que eu estava com medo de aceitar o desafio. Medo? Pavor, na verdade!

Eu meio que a odiei um pouco por colocar essa ideia na minha cabeça. Era um medo que eu nunca tinha pensado em enfrentar, nem mesmo quando estava na escola de arte desenhando pessoas nuas. Mas era tarde demais. Ela tinha dado a ideia, e eu não podia ignorar ou fingir que não tinha ouvido.

Era a manhã do 77º dia do meu projeto e, para me preparar, fiz algo de que me arrependi profundamente: a depilação cavada da virilha (15º medo, de novo) com a Olga, a mesma mulher que me ajudou a enfrentar esse medo na primeira vez.

Era uma linda tarde de julho quando cheguei à Academia de Arte de Nova York. Implorei a Adam para ir comigo para me ajudar com o vídeo, mas ele disse (e ainda acho difícil de acreditar):

— Tá brincando? Estou mais assustado e desconcertado do que você.

Como Adam pulou fora, fui *sozinha mesmo*. Quando cheguei lá, o professor de arte me mostrou onde ficava o vestiário, que era basicamente uma sala de aula vazia.

A professora pediu que eu me despisse e fosse até a sala ao lado, onde os alunos me esperavam. Sabe aquela sensação de quando a gente fica sem roupa num consultório médico? Foi assim, só que 84 vezes pior. Liguei a câmera e, fora da tela, comecei a tirar a roupa, peça por peça (sim, inclusive TODA a roupa de baixo), e mostrar item após item para a câmera de lado, sem aparecer. Felizmente, peguei um lenço grande o suficiente para usar como roupão e ir do vestiário à sala de aula.

Quando entrei na sala, logo me arrependi da depilação cavada de horas atrás e da dieta sem carboidratos que fiz naquele dia. As duas mulheres que tinham modelado antes de mim exibiam belas curvas, bem sinuosas, um corpo volumoso e pelo em todo lugar, bastante mesmo! Foi então que me dei conta de uma coisa: os estudantes de arte não estão interessados no que a mídia define como corpo *perfeito*. Muito pelo contrário, eles querem bastante *material* para trabalhar. Droga! Onde eu estava com a cabeça? De repente, ser magra e sem pelos me pareceu uma péssima ideia. Eu me senti envergonhada e boba por fazer aquilo.

O roteiro era o seguinte: em quinze minutos, eu deveria fazer cinco poses diferentes.

Lá estava eu, diante de dezenas de pessoas que nunca tinha visto antes na vida, usando APENAS um lenço, quando o professor de arte me pediu para começar. Naquele momento, me senti tão perdida e confusa que a primeira reação foi me virar para a parede. Eu simplesmente não consegui encarar os alunos quando deixei o lenço cair no chão.

Três minutos foram suficientes para eu ter uma revelação. Parada lá em pé, com as mãos na cintura, nua de costas para os alunos, entendi que aquilo não tinha *nada* a ver comigo. Os alunos não estavam lá para julgar as modelos. Eles estavam lá para cumprir *sua* missão: criar uma bela obra de arte inspirada em *qualquer* pessoa que posasse para eles. Eles não esperavam determinado tipo de corpo, textura ou cor. Seu trabalho era usar todo o seu talento para transformar o que estava à sua frente em uma preciosa obra de arte. Quando me dei conta disso, me senti uma TOLA.

Eu estava tão nervosa em expor meu corpo e ser julgada que não parei nem um momento para pensar nos alunos e no que eles precisavam.

Esse pensamento me ajudou a aguentar os quinze minutos e a aproveitar ao máximo meu tempo ali. Em vez de esconder minha insegurança, decidi enfrentá-la: curvei o corpo de um jeito diferente para criar sombras e formas interessantes. Soltei a barriga, assumi minhas pintas, sardas e estrias, e tentei ser criativa para dar a eles um *bom* material para trabalhar.

Quando os quinze minutos acabaram, a classe inteira começou a aplaudir. Eles sabiam que eu tinha enfrentado um medo e perceberam minha evolução da Pose 1 para a Pose 5. No final, percebi que eles gostaram da maneira como enfrentei a situação e me senti totalmente realizada.

Mas o que aconteceu pouco antes de eu ir embora mexeu ainda mais comigo.

Depois de me vestir novamente, voltei à sala para ver os desenhos e não acreditei. Enquanto eu estava lá, preocupada em mostrar meu corpo, um cara passou a aula inteira desenhando... meu rosto.

Essa experiência me mostrou que, embora as pessoas nos julguem, **ninguém nos julga tanto quanto nós mesmos.** E, mesmo quando julgamos os outros, indiretamente, estamos falando de nós mesmos, e não de quem estamos julgando.

A tia da minha melhor amiga não estava falando de mim, mas de si mesma. Talvez *ela* não conseguisse engravidar e tenha demorado um pouco para ter filhos. Ou talvez sua mente seja tão estreita que, para ela, as mulheres só podem dar vida aos filhos, e não a um livro, ao trabalho ou ao casamento.

ninguém
NOS JULGA

tanto quanto
NÓS MESMOS.

Quando os *haters* da internet disseram que meu projeto não era inspirador, falavam de si mesmos, já que passam horas no Facebook assistindo a um vídeo atrás do outro, postando só pensamentos negativos, em vez de ousarem se expor, desafiar o *status quo* e aproveitar bem seu tempo na Terra, fazendo algo um pouco melhor do que criticar estranhos virtualmente.

Pense nas pessoas que criticaram você no passado. Analise se o que elas disseram não tem a ver com elas mesmas. Agora, pense em críticas que você fez aos outros. O que elas dizem a seu respeito?

Faço três pedidos para você agora:

1º PEDIDO: Se você não gosta de ser julgado ou de que as pessoas falem de você pelas costas, não faça isso com os outros. Mais fácil falar do que fazer, né?

Falar dos outros pelas costas é tão natural que nem pensamos; simplesmente falamos. É nosso tema preferido. Quer dizer, por que falar das nossas próprias inseguranças se podemos falar dos outros? Com certeza, eu não me excluo. Adoro fofocar, mas, na maioria das vezes, tento me conter e mudar de assunto. Na próxima vez em que você se pegar falando de alguém pelas costas, mude o rumo da conversa.

2º PEDIDO: Se alguém de quem você gosta está fazendo uma coisa que você desaprova, tenha coragem de dizer isso diretamente a essa pessoa. Normalmente, as pessoas preferem manter sua opinião para si mesmas para evitar conflitos, mas às vezes é bom saber o que estamos fazendo de errado para podermos mudar. O que importa é que a intenção seja boa. Confie na sua intuição e ouse ter uma conversa difícil. Pessoalmente, prefiro que meus amigos me digam quando acham que fiz uma coisa errada, em vez de concordarem com tudo o que eu faço só para me agradar. E, por mais difícil que seja, procuro ser franca com as pessoas sempre que possível.

3º PEDIDO: Seja gentil consigo mesmo. Proteja seu ego, em vez de destruí-lo. Fiquei muito boa nisso quando aprendi a me dissociar das críticas internas e externas.

Quando estava no início da carreira de palestrante, tive a oportunidade de participar de dois eventos incríveis seguidos. Um GRANDE erro. O problema é que eles eram completamente diferentes.

Um dos eventos era em 30 de agosto em uma escola para meninas em Palo Alto. Sempre sonhei em me apresentar em uma escola assim, e essa era minha grande oportunidade. Eu queria impressionar a diretora da escola para que ela me recomendasse para outras escolas como aquela no país inteiro. Seria a primeira vez que me apresentaria para a garotada, então tive de criar um discurso totalmente novo para essa faixa etária (de 11 a 18 anos)!

Logo depois, consegui marcar uma apresentação na NETFLIX, no dia 31 de agosto (!!!!). Ficava a poucas quadras da escola onde eu faria a palestra no dia anterior. Coincidência? Acho que foi o destino.

Na ligação antes do evento, o cliente foi muito específico sobre o que eles queriam. Eles me pediram para reformular minha palestra corporativa para agradar esse outro público. Era um grande desafio que tornaria minha apresentação corporativa ainda melhor. Então, concordei.

Basicamente, eu tinha de fazer duas NOVAS palestras, uma após a outra. Duas palestras que me interessavam *muito*.

Meses antes, quando aceitei fazer os dois eventos, Adam me disse para NÃO dar as duas palestras tão perto uma da outra. Ele me aconselhou a adiar a palestra da Netflix para que eu pudesse ter mais tempo para me preparar. Eu estava tão empolgada com a oportunidade de me apresentar em uma empresa incrível como essa que não liguei para o que ele disse. Eu não queria estragar minha chance de me apresentar lá e, por isso, aceitei os termos deles.

Mas o que aconteceu foi que eu me concentrei tanto em acertar a palestra para as meninas no dia anterior que deu tudo errado no evento da Netflix. Eu fiz uma grande besteira.

No dia 31 de agosto, às 13h, quando entrei no carro que aluguei para voltar ao aeroporto, nem precisavam me dizer: "Eu avisei". Eu estava decepcionada comigo mesma, frustrada e totalmente envergonhada, ainda mais depois que vi o vídeo da apresentação e notei que, toda hora, trocava as palavras "destemido" e "temeroso". Nossa, *que* vergonha! Teve uma hora que eu disse: "Nova York não é para os destemidos". Oi?

Depois de passar por uma situação tão desagradável na sede da Netflix, prometi a mim mesma: (1) nunca mais preparar uma apresentação importante em tão pouco tempo e (2) nunca mais trocar as palavras "temeroso" e "destemido".

Por causa do que aconteceu, aquele dia poderia ter sido horrível. Eu poderia ter passado horas me recriminando e repassando na cabeça tudo o que tinha feito de errado. Mas, em vez disso, para lidar com a crítica interna, fiz o seguinte:

Aceitei meu erro sem ficar me recriminando.

Anotei todas as coisas que poderia melhorar para a próxima apresentação.

Virei a página o mais rápido possível, em vez de ficar analisando sem parar tudo o que eu disse ou fiz de errado.

Eu me perdoei.

Agradeci pelas lições aprendidas.

Se você deixar, a crítica interna pode ser devastadora. Você pode pensar: *com certeza, não sou bom nisso.* Ou você pode olhar para o outro lado e pensar: *SEMPRE posso melhorar. Pelo menos, agora sei o que tenho de mudar.*

⭐ **Lembre-se de que você fez o melhor que podia com o conhecimento e o que tinha em mãos naquele momento.** ⭐ ✦

Gravei um *podcast* de uma entrevista com minha amiga Odette Cressler, que teve uma ideia fantástica para lidar com a crítica interna. O que ela fez foi dar um apelido ao seu lado destruidor de autoestima, que ela chama de Odélia. Agora, toda vez que se recrimina, ela consegue se dissociar daquela voz maldosa na sua cabeça. Ela trata a Odélia como uma estranha com a pior das intenções. Ela não está ali para ajudar ou fazer uma crítica construtiva, mas para prejudicar e destruir.

A Odette não é a Odélia, então ela precisa afastar essa intrusa, em vez de lhe dar ouvidos. Essa é sua maneira de lidar com a crítica interna.

Se você tivesse de dar um nome para o seu *hater* interior, qual seria?

O UNIVERSO

Dias antes de a viralização me arrastar como uma avalanche, tive uma conversa com Adam e estava pensando seriamente em desistir do projeto de 100 dias.

Estávamos bancando sozinhos o projeto, que estava passando dos limites, e ainda tínhamos de manter nosso estilo de vida nova-iorquino e pagar meu curso de mestrado. Era muito gasto para cobrir. Pensamos em ir só até o 50º medo e deixar a outra metade para o futuro.

Depois que viralizei, meu canal no YouTube passou de 89 assinantes para 12 mil, e as visualizações saltaram de 4 mil para 4 milhões. Era o que precisávamos para pedir às empresas que patrocinassem as atividades mais caras que eu queria experimentar, como paraquedismo, tirolesa, mergulho com tubarões, pilotar um avião, além de arcar com os custos, como parques aquáticos, *campings* e aluguel de carro.

Todas queriam participar! Elas ficaram alegres em nos oferecer seu melhor serviço gratuitamente em troca de associarem seu logotipo ao meu vídeo e serem vistas por milhares de inscritos. Não tivemos de colocar nem mais um centavo do nosso bolso no projeto, o que era bárbaro, né?

Para mim, era um sinal claro: o universo queria que eu continuasse enfrentando meus medos e inspirando milhares de pessoas. E, se o preço que eu teria de pagar para isso era enfrentar a *trollagem*, então que fosse. Eu estava disposta a pagar. Você não estaria?

Para mim, isso significa que eu estava falando a mesma língua que o universo.

O universo nem sempre responde às orações, mas sim às ações construtivas. Você quer isso? Prove. Pelo menos, é assim que eu vejo. Quanto mais você se coloca numa posição desconfortável, mais o universo escuta.

Se os *haters* e as críticas estão impedindo você de realizar seu sonho, saia da zona de conforto e diga: MANDA VER!

MANDA VER!

CINCO PRINCIPAIS *lições*

Acesse a página *hellofearsbook.com* para explorar outras atividades em inglês que dão vida a este capítulo.

- → Assista ao vídeo em que eu leio em voz alta em inglês todos os comentários MALDOSOS que fizeram a meu respeito na internet.
- → Ouça em inglês "You Will Be Found" (letra de Benj Pasek e Justin Paul), do musical Dear Evan Hansen.
- → Assista a uma palestra inspiradora em inglês de Vanessa Van Edwards, no World Domination Summit, sobre como dar duro no trabalho.
- → Assista ao filme *Bohemian Rhapsody* ou ouça um álbum do Queen para se inspirar em Freddie Mercury como eu.
- → Veja como eu enfrento meu medo de posar nua em uma aula de pintura.
- → Ouça um episódio em inglês do *podcast* com Odette/Odélia.

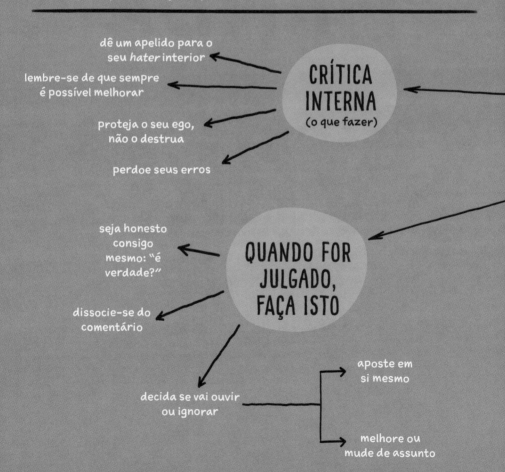

dê um apelido para o
seu *hater* interior

lembre-se de que sempre
é possível melhorar

**CRÍTICA
INTERNA**
(o que fazer)

proteja o seu ego,
não o destrua

perdoe seus erros

seja honesto
consigo
mesmo: "é
verdade?"

**QUANDO FOR
JULGADO,
FAÇA ISTO**

dissocie-se do
comentário

aposte em
si mesmo

decida se vai ouvir
ou ignorar

melhore ou
mude de assunto

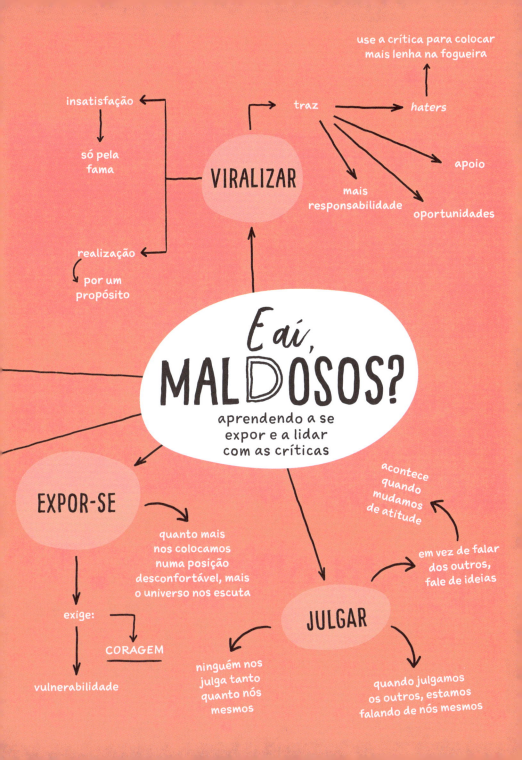

VIRALIZAR

insatisfação

só pela fama

realização

por um propósito

traz

use a crítica para colocar mais lenha na fogueira

haters

apoio

oportunidades

mais responsabilidade

E aí, MALDOSOS?

aprendendo a se expor e a lidar com as críticas

EXPOR-SE

quanto mais nos colocamos numa posição desconfortável, mais o universo nos escuta

exige:

CORAGEM

vulnerabilidade

JULGAR

acontece quando mudamos de atitude

em vez de falar dos outros, fale de ideias

ninguém nos julga tanto quanto nós mesmos

quando julgamos os outros, estamos falando de nós mesmos

SEIS

E aí, EGO?

DESCONSTRUINDO O FRACASSO

EM NOVEMBRO DE 2016, TIVE a oportunidade de dar uma palestra em uma das empresas de que eu mais gostava na época: o Facebook. Ao final, no momento das perguntas e respostas, uma funcionária levantou uma questão que me deixou intrigada por semanas: "Michelle, você fala muito sobre o fracasso; conte sobre alguma vez em que você fracassou. O que você aprendeu com essa experiência?".

Fracassou? Os segundos que passaram pareciam minutos, e eu não conseguia pensar em uma resposta, mesmo que minha vida dependesse disso. Por fim, abri o jogo e contei que simplesmente não conseguia pensar em nada, o que acabava parecendo uma confissão de fracasso, afinal. Mas prometi a ela que pensaria um pouco e voltaria com a resposta.

Percebi que eu não tinha fracassado até aquele momento porque, desde que havia terminado meu projeto de 100 dias, não estava me permitindo crescer. Eu me sentia tão confortável viajando e dando palestras que não estava desenvolvendo nada novo. Tinha centenas de ideias, mas não estava disposta a executá-las. Sempre havia uma boa desculpa para atrasar meus planos.

Em dezembro de 2016, prometi a mim mesma: Se eu tiver uma ideia e o meu pensamento imediato for: "Sem chance, isso nunca vai funcionar, vou fracassar completamente", farei isso sem questionar! Tecnicamente, minha resolução de ano-novo em 2017 era *fracassar*. E foi exatamente isso que eu fiz: **transformei meu medo do fracasso em meu objetivo.**

Se fracassar também é um dos seus maiores medos, bem-vindo ao Capítulo 6! Este capítulo ajudará você a mudar a sua percepção sobre "fracasso", a fortalecer seu ego e a capacitá-lo a **escolher a ação em vez da perfeição.** Mas, primeiro, vamos entender que negócio é esse de fracasso.

#FRACASSO

Imagine que você está no meio de uma grande sala de espera, cercado por todos os tipos de portas, mas apenas uma delas levará você aonde gostaria de ir. Não há placas nas portas, então pode haver qualquer coisa atrás delas.

Não é uma sala de espera comum. É uma sala aconchegante; tem uns sofás legais, Netflix na TV, Wi-Fi, ar-condicionado (que só você pode controlar), bom sinal de telefone, café, *pizza,* sorvete. Do que mais você precisa? Um cachorrinho? Então, tá! Também tem um cachorrinho.

Ela está conectada até às salas de espera de seus amigos e de sua família, e eles podem entrar e sair quando quiserem — aliás, quando VOCÊ quiser. Cada um fica na sua própria sala de espera, cercado por portas fechadas, e todos parecem felizes, ou, pelo menos, à vontade.

Atrás dessas portas está o desconhecido.

Quem tentou abri-las conta histórias de fracasso, rejeição, desgostos, contratempos e desafios, e você não sabe se poderia lidar com esses desafios.

Mas atrás de uma dessas portas está o sucesso, o SEU tipo de sucesso, seja lá qual for. A única coisa com a qual você sempre sonhou está ali, atrás de uma dessas portas. Mas de qual delas?

Tire um minuto para imaginar o que está atrás da porta vencedora. Se você pudesse sonhar com seu estilo de vida ideal amanhã, como ele seria? Que coisas você gostaria de ter? Quem gostaria de ter por perto? Como gostaria de ser visto? Na próxima página, escreva ou desenhe tudo o que você imaginar. Trate este espaço como o seu quadro de visualização.

O único modo de descobrir qual é a porta que leva ao seu sonho é assumindo o risco de começar a abrir algumas delas.

A maioria das pessoas prefere ficar na sala de espera. Afinal, por que arriscar? Por que passar por todo esse incômodo, sofrimento e

MEU QUADRO DE VISUALIZAÇÃO

O **FRACASSO** *não é* O ATO DE *errar*, MAS O ATO DE NEM SEQUER *tentar*.

desconforto, se nada garante que você encontrará a porta certa? Você olha em volta e percebe que está cercado de pessoas que nunca abriram uma única porta e, mesmo assim, tiveram uma vida decente. Então, por que se dar ao trabalho?

Tenho más e boas notícias:

Má notícia

A porta que você está procurando nunca será a primeira. Goste ou não, você terá de passar por várias portas antes de encontrar a que busca. Para algumas pessoas, bastam apenas algumas portas; mas, para outras, bem mais portas do que se espera.

Boa notícia (1/4)

Uma coisa é certa: cada porta que você abrir, boa ou ruim, aproximará você da porta certa. Cada porta terá um propósito. Cada uma delas terá algo a ensinar. Além disso, você saberá qual porta *não* abrir da próxima vez, pois já sabe o que está atrás dela! Cada porta é um passo em direção ao sucesso.

Boa notícia (2/4)

Cada porta aberta fará você mudar. Depois de aprender lições diversas ao ser exposto a novas perspectivas por meio de portas diferentes, você não será a mesma pessoa após abri-las e, por isso, sua sala de espera também não será a mesma. Coisas que você gostava de fazer podem agora parecer perda de tempo, e ideias que você considerava loucas podem não soar mais tão loucas. Quanto mais portas você abrir, mais sua visão de mundo se expandirá e evoluirá.

Boa notícia (3/4)

A vida que você quer está atrás de uma das portas, e o legal é que NINGUÉM pode tirá-la de você. Só você tem a combinação certa para abrir aquela porta e, por isso, não está competindo com ninguém, além de si mesmo. Quanto mais rápido agir e começar a abrir essas portas, mais cedo encontrará a porta certa.

Boa notícia (4/4)

A porta certa não será sua última parada, mas vai conduzi-lo a uma oportunidade única. Se você aproveitá-la, ela oferecerá um novo conjunto de portas só para você, portas que você não tinha IDEIA de que existiam.

Todas essas portas e salas de espera estão fazendo me sentir bem Nietzsche agora. De onde eu tirei essa ideia? Sou tipo uma filósofa e não tinha percebido? Isso seria legal e bem inesperado.

Aristotélica ou não, espero que a mensagem tenha sido nítida: a vida está cheia de oportunidades e, como não podemos (ainda) prever o futuro, não é possível saber qual oportunidade será a certa ou como aproveitá-la ao máximo. Mas, enquanto esperarmos que as coisas aconteçam conosco, que as portas se abram sozinhas ou que alguém nos oriente e diga aonde devemos ir, podemos ficar para sempre na confortável sala de espera da vida.

Correr riscos pode levar ao fracasso, à rejeição e à dor emocional. Mas, quando você sabe para onde quer ir e está comprometido a chegar lá, nada mais é tão importante. E, de repente, **fracassar não é o ato de errar, mas sim o ato de nem sequer tentar.**

A porta pode vir na forma de um *e-mail*: o *e-mail* que pode financiar seu próximo empreendimento. Talvez a pessoa que está sentada ao seu lado no avião poderia se tornar sua próxima sócia, mentora ou patrocinadora, se você puxasse uma conversa. A porta pode ser você se cadastrando em um aplicativo de namoro, onde poderá encontrar seu amor depois de bater em várias portas e ter paciência para explorar o que está atrás delas. Pode vir na forma de uma pergunta feita em aula que você, corajosamente, decidiu responder, assumindo o risco de estar errado e sentir vergonha, mas também de estar certo e impressionar seus colegas e seu professor.

Nem todo mundo quer sair da zona de conforto e ir atrás de grandes coisas. Mas, toda vez que nos impedimos de correr um risco, tentar coisas novas ou nos aventurarmos no desconhecido, estamos a um passo de atingir nossos objetivos. Quando evitamos o fracasso, também estamos impedindo o sucesso. Simples assim.

Se aprendi uma coisa é que o **verdadeiro inimigo do sucesso NÃO é o fracasso, mas sim o conforto.**

CONFORTO

É o que nos impede de inovar ou de levantar a mão para sugerir a próxima grande ideia. Ele nos convence a ficar com pessoas que não amamos mais e em empregos, cargos ou cidades que não são mais capazes de nutrir nosso crescimento. O conforto nos implora para assistir a mais um episódio, em vez de encarar a tela em branco de nosso *blog*. E é isso que nos faz permanecer em nossa aconchegante sala de espera, com todas as portas fechadas.

O conforto nos diz coisas como: "Coisas boas vêm para aqueles que esperam". Mas qual leitor deste livro está cansado de esperar? Eu sei que eu estava.

Percebi isso em 2013, quando fui ao cinema assistir *Jobs*. Cheguei tarde em casa naquela noite e, enquanto pensava no enredo do filme, comecei a chorar. Estava *chorando alto p*orque queria ser alguém e deixar uma marca no mundo, assim como Steve Jobs. O problema era que eu não estava nem perto disso.

Minhas ações não estavam me levando a marcar o mundo de nenhuma forma, além de vender alguns hambúrgueres da Wendy's pelos comerciais de rádio ou TV. Minha existência diária era sobre realizar o sonho de outras pessoas, não o meu. Talvez o sonho do meu chefe de ganhar um Leão em Cannes com um daqueles *spots* criativos do rádio. Talvez o sonho do diretor financeiro da agência de dobrar o orçamento do cliente na próxima campanha publicitária. Ou talvez o sonho do diretor de marketing da Wendy's de vender mais hambúrgueres. Com certeza, eu não estava trabalhando para realizar o meu sonho. Acho que estava muito confortável trabalhando para os outros, recebendo ordens e tendo um salário fixo. "Continue assim, mulher, você está indo muito bem! Por que arriscar o que você tem agora?", meu superego diria.

"As pessoas que realizam raramente se sentam e deixam as coisas acontecer com elas. Elas saem e fazem as coisas acontecer."
— LEONARDO DA VINCI

Eu precisava encontrar meu caminho de crescimento e correr riscos maiores para chegar lá. Foi quando tive a ideia de me mudar para Nova York. Esse foi o meu primeiro passo para *fazer as coisas acontecer* — que é um conceito que agora ponho em prática para cada objetivo ou sonho que adiciono à minha lista de desejos. Se quero algo de verdade, vou atrás e PEGO. Gary Vee ficaria tão orgulhoso de mim por dizer isso. Não sabe quem é Gary Vee? Gary Vaynerchuk?*

Qual é o primeiro passo, ou melhor, a primeira porta que você deve tentar abrir para alcançar o estilo de vida que deseja e o sucesso que imagina para si mesmo?

Antes de responder, lembre-se:

> **"O fracasso jamais será capaz de matar mais sonhos do que a dúvida."**
> **— SUZY KASSEM**

A primeira porta que abrirei será:

_____

_____

_____

Ei, não estou dizendo que esta será a porta certa. Você pode errar completamente. Assim como Steve Jobs errou completamente quando recrutou John Sculley como diretor-executivo da Apple, o que mais tarde

---

* É mesmo? Não brinca! [N. do T.]

saiu pela culatra e deixou Jobs sem emprego — entendeu o trocadilho?*
Mas ele venceu porque continuou tentando, continuou aprendendo com
os erros e, o mais importante, jamais permitiu que o medo do fracasso
atrapalhasse o sucesso. De uma coisa eu tenho certeza: depois de abrir
essa porta, você estará um passo mais perto de *fazer as coisas acontecer*.

Isso nos leva a um conjunto muito importante de medos: os medos
pessoais.

MEDOS PESSOAIS

Uma das coisas de que mais cuidamos na vida é de nossa autoestima.
Se protegêssemos nosso corpo como protegemos nosso ego, dentistas
iriam à falência, os índices de câncer de pele cairiam, e todos nós
estaríamos em perfeita forma. Mas não é o que acontece. Na verdade,
nós nos esforçamos muito para evitar o fracasso e a rejeição porque
nenhuma dor real é tão forte quanto a dor emocional.

Todos os dias milhões de pessoas se contentam com empregos
que lhes dão o suficiente para alimentar a família, mas muito pouco
para alimentar a alma. Muitos se conformam com um marido ou uma
esposa, em vez de procurar a *parceria* certa para apoiar seus sonhos
e participar dos sonhos dela. Outros se contentam com um estilo de
vida que pode ser conveniente, mas que não satisfaz. Enquanto no
Capítulo 3 falei sobre como a maioria das pessoas se acomoda como

---

*   Lembrando que *jobs*, em inglês, quer dizer justamente "emprego". [N. do R.]

uma maneira de serem aceitas e de acharem seu lugar na sociedade mais facilmente, desta vez estou falando sobre se acomodar porque seria muito difícil bater na porta errada e ferir nosso ego.

Segundo Freud, nossa psique está dividida em três partes (e isso me surpreendeu totalmente): o id, o superego e o ego.

O **id** refere-se aos nossos instintos, isto é, aos sinais que a nossa mente envia ao nosso corpo sem muita explicação racional. Como quando sentimos vontade de comer um pedaço de bolo delicioso que vemos no cardápio, comprar um par de sapatos que está muito fora do nosso orçamento, ou mesmo quando desejamos beijar uma pessoa que achamos bonita. Esses são impulsos que precisamos controlar ou limitar constantemente; senão, viveríamos em anarquia completa, e todos fariam exatamente o que têm vontade de fazer no momento, sem considerar as consequências dos seus atos.

Ao contrário, o **superego** é fortemente influenciado por fatores externos: nossos pais, professores, amigos e comunidade. O nosso superego é a imagem ideal que a sociedade colocou em nossa cabeça; todas as expectativas que somos pressionados a cumprir, como ter bom comportamento, ser gentil, ter sucesso, ter dinheiro, ter uma relação estável, ter filhos, comemorar certas datas e acreditar em certas coisas.

Nosso **ego** fica entre o nosso id e o nosso superego. É como o irmão do meio tentando satisfazer a todos de uma forma que ninguém saia ferido — nem tanto *prazer* nem tanta *pressão*. O trabalho do seu ego é encontrar o equilíbrio e fazer as melhores escolhas de acordo com suas prioridades e seus objetivos.

A maior ameaça ao nosso sucesso é quando nosso ego não é forte o suficiente para manter nosso superego sob controle. Sentimos tanta pressão (interna e/ou externa) para parecer que estamos bem o tempo todo, que preferimos não correr riscos. Porque, quando estabelecemos expectativas extremamente altas para nós mesmos e vivemos inquestionavelmente de acordo com essas expectativas, não deixamos espaço para erros. Porém, nossos erros podem nos ensinar lições valiosas e nos dar o impulso para seguir em frente.

Por outro lado, quando o nosso id está fora de controle, podemos correr muitos riscos, mas não da maneira mais inteligente. Esse método pode levar a uma sucessão de fracassos e, finalmente, à frustração e baixa autoestima.

Pessoas com ego forte são capazes de lidar com os impulsos do id e com os pedidos do superego para manter o *status quo* e ainda se atrevem a assumir riscos inteligentes.

Escolher o **fracasso como lição é uma opção** que podemos assumir, mas apenas se estivermos dispostos a nos esforçar o suficiente para nos redefinirmos diante do fracasso muitas vezes. Essa é uma qualidade daqueles que eu considero serem *executores*.

SONHADORES E EXECUTORES

Sonhadores são aqueles que adoram planejar o *futuro perfeito*. Eles podem passar horas pensando e rascunhando planos em seus cadernos pontilhados coloridos. Têm páginas cheias de ideias brilhantes, etapas de ação e esboços brutos, mas promissores. Têm toda a motivação, mas também todas as desculpas para não executar *agora!*

Os executores não só vêm com ideias iradas, mas também as executam em vez de esperar que outros as façam acontecer. Não acreditam em desculpas nem esperam pelo momento perfeito, porque sabem que isso não existe. Acreditam na arte de tentar, fracassar e tentar novamente.

O que diferencia sonhadores de executores? Você adivinhou: **coragem.**

Pessoalmente, gosto de me cercar de executores. Eles me motivam a **passar menos tempo sonhando e mais tempo construindo.** E não me entenda mal. Sonhar grande foi o primeiro passo para chegar aonde estou hoje, então *sonhe; m*as só consegui realizar meus sonhos fazendo algo.

A primeira vez que pensei nesse conceito foi quando conheci a guru das mídias sociais e marketing Verónica Ruiz del Vizo. Depois que a *persegui* no Instagram por semanas, ela aceitou meu convite para tomar um café e conversar sobre possíveis parcerias. Assim que apertei a mão dela, notei que tinha uma tatuagem em cada pulso. Uma dizia *Dreamer* (Sonhadora) e a outra dizia *Doer* (Executora). Ela me disse que percebeu que precisava ser tanto *sonhadora* quanto *executora* para ter a vida que ela imaginou para si mesma. E aquela mulher não estava brincando.

O **VERDADEIRO** **INIMIGO** do SUCESSO NÃO É O FRACASSO; mas o CONFORTO.

No desenrolar da conversa, lembro que ela perguntou sobre meus planos e objetivos. Enquanto eu compartilhava algumas das minhas ideias, sua resposta consistente era: "Legal, então você já fez isso?". E eu respondia: "Não! É só uma ideia que eu tenho". Esse vai e vem aconteceu cerca de *quatro* vezes. No final do nosso encontro, percebi que estava cheia de ideias não executadas.

À medida que nossa amizade progredia, e passamos de "um bom contato" para **F*R*I*E*N*D*S,***** comecei a ficar cada vez mais motivada por suas realizações e sua atitude em relação à vida. Só de vê-la cumprir seus objetivos eu me sentia desafiada, da melhor maneira possível, a agir sobre meus sonhos pessoais. E por isso serei eternamente grata. Agora sou EU quem pergunto aos sonhadores: "Então, quando é que essa ideia vai ser colocada em prática?".

***** Como na série, só que ela não mora no meu apartamento nem em Nova York. [N. do T.]

EXERCÍCIO

No gráfico anterior, desenhe um ponto preto para marcar onde você está agora em termos de sonhar e executar. Depois desenhe uma estrela onde você quer estar daqui a alguns meses. Escreva a data de hoje em cima do seu ponto e a data desejada em cima de sua estrela para estabelecer um prazo para si mesmo.

Os executores *têm* seus medos, não me entenda mal. Às vezes eles *têm* medo de tentar* e não são necessariamente destemidos. Eles têm *mais* medo de não tentar do que de fracassar.

Falando em fracassar, em 2017 fiz algo que foi muito perturbador para o meu superego,** mas que me transformou em um exemplo de executora.

RESOLUÇÃO DO ANO-NOVO DE 2017

No início deste capítulo falei sobre a ideia de transformar meu medo em meu objetivo. Para chegar lá, eu só tinha UMA resolução de ano-novo: tornar-me imune ao fracasso. E, assim, fiquei especialista em *começar* as coisas.

Durante aquele ano eu:

---

* Leia as respostas de Verónica, no final deste capítulo, sobre o medo do fracasso. [N. do T.]

** Lembra quando eu disse que o superego gosta do *status quo* e evita o fracasso o tempo todo? #NãoMeArrependo. [N. do T.]

- Lancei uma nova série e *podcast* no YouTube, chamada *Dear Younger Self* (Querido jovem eu), para ajudar adolescentes a mudar sua perspectiva sobre o medo e seguir seu instinto.
- Comprometi-me com outro projeto de 100 dias; desta vez, de ilustrações no Instagram, chamado "Courage Is"(Coragem é). A ideia era ilustrar 100 definições diferentes de coragem. Aliás, eu definitivamente NÃO sou ilustradora!
- Virei nômade no meio do ano. Colocamos tudo o que temos em um pequeno depósito e viajamos de um lugar para outro.
- Lancei uma linha de roupas para a *Hello Fears* com algumas das minhas frases mais memoráveis. Tinha de tudo: camisetas, adesivos, chapéus, gargantilhas, entre outros itens.
- Contratei nossos primeiros funcionários oficiais!

Essa é apenas uma amostra das coisas que comecei em 2017, e devo dizer que me tornei perigosamente imune ao medo do fracasso.

Naquele ano aprendi um milhão de coisas! Fracassei? Com toda a certeza. Fracassei no comando de uma empresa de sucesso.

No fim das contas, eu me tornei muito boa em começar as coisas e não tão boa em terminá-las. Porém, se a minha resolução de ano-novo era falhar, a meta foi alcançada, certo?

- Não terminei meu projeto de 100 dias de ilustrações. Cheguei ao 86º. Acabou.
- Abandonei o *podcast* após 14 episódios.

- Parei de criar vídeos para o YouTube assim que a vida nômade decolou.
- Acabei ficando com tanta mercadoria encalhada que doei para pessoas necessitadas na Venezuela.
- Precisei demitir meus primeiros funcionários porque não tinha ideia do que pedir a eles.

Você poderia dizer que fracassei, mas eu diria que também aprendi lições que jamais teria aprendido se não tivesse tentado, como:

- A importância de estabelecer metas mensuráveis para mim e minha equipe.
- Ter uma estratégia é mais importante do que ter o produto perfeito.
- O significado por trás do ditado popular "contrate devagar, demita rápido".
- Essa multitarefa compulsiva não é a maneira correta de administrar um negócio.
- Um novo estilo de vida requer novos sacrifícios. Não podemos ter tudo. Não importa quanto tentemos.
- Dizer "não" depois de dizer "sim" a cada ideia que passou pela minha cabeça.
- O valor de acabar um projeto antes de iniciar o próximo.

Esta é a primeira vez que admito esses fracassos e lições publicamente. Então, se você tem me acompanhado nas redes sociais há um tempo, provavelmente está se perguntando por que não tinha ideia desses fracassos, certo? Porque nas redes sociais todo mundo parece estar indo MUITO BEM!

TODO MUNDO ESTÁ INDO MUITO BEM

Você já percebeu que o Instagram é a arma que usamos para ferir mais nosso ego? Podemos não pensar dessa forma antes de abrir o aplicativo. Podemos pensar coisas como: "Vou limpar minha mente e ver o que outras pessoas estão fazendo" ou "Quero encontrar alguma inspiração. Nada de Pinterest, vou navegar pelo Instagram e ver o que encontro!".

Ninguém diz: "Vou arruinar meu dia vendo como todo mundo está constantemente ganhando na vida, sendo bem-sucedido, independente e feliz, indo para os lugares mais incríveis e comendo nos restaurantes mais maravilhosos enquanto estou aqui no trabalho comendo as sobras de frango de ontem à noite na frente do meu computador".

O problema com o Instagram, e com qualquer outra mídia social, é que só podemos ver 2% da vida dessa pessoa. Sem surpresa, são os 2% que estão indo incrivelmente bem ou que eles fingem estar. E imediatamente todos nós assumimos que a vida dessa pessoa deve ser perfeita, que ela nunca é rejeitada e nunca erra! Acontece com todos nós, e realmente mexe com nossa mente.

De repente, nosso superego fica maior. Agora, não basta ter um bom emprego e sustentar sua família; você também precisa de um destaque, como ser a mãe ou o pai perfeito, arrasar em alguns projetos do tipo faça-você-mesmo e escrever pensamentos profundos em *posts* diariamente. Sério, é impossível acompanhar. Mas é isso que você vê outras mulheres e homens fazerem no Instagram. Em vez de se sentir inspirado por essas pessoas, você começa a se sentir pressionado. As expectativas são irreais. Vemos todo mundo tão feliz e realizado como se fosse FÁCIL! No momento em que fica um pouco difícil, assumimos que estamos falhando e podemos até parar de tentar.

Fui vítima de pessoas compartilhando apenas os 2% da vida, fazendo-me sentir como se minha vida não fosse boa o suficiente comparada à deles. Agora tenho uma regra importante quando se trata de compartilhar minha vida nas redes sociais: #ShareTheWholeStory.*

UMA HISTÓRIA DE REJEIÇÃO

Há alguns meses, recebi dois *e-mails* de agências diferentes que estavam me sondando para as campanhas de seus clientes. Não costumo receber esse tipo de *e-mail*, então, inevitavelmente, fiquei dançando em todo lugar quando li sobre ambas as campanhas:

A primeira era um *spot* na TV para a Honda, e a outra campanha era para a Olay. Ambas procuravam mulheres reais, autênticas e corajosas que estavam causando um impacto na sociedade. A campanha

---

* #ShareTheWholeStory em português significa "compartilhe a história toda". [N. do E.]

da Olay se chamava "Face Anything",* e a ideia era destacar mulheres corajosas. E isso não é tudo. Queriam uma matéria sobre mim na edição de setembro da *Vogue*. Como se não bastasse, haveria um cartaz do meu rosto cobrindo uma das paredes da estação de metrô da Union Square e outro em um dos enormes *outdoors* digitais da Times Square. Basicamente, o sonho de toda garota se tornaria realidade em uma campanha para uma marca de cuidados com a pele. Como assiiiiiiim?! Não consegui dormir por semanas esperando a boa notícia.

Duas semanas depois, recebi um *e-mail* do agente de elenco da Olay me informando que o cliente "selecionou outras pessoas". Engoli seco. Horas depois, recebi um *e-mail* da agência da Honda dizendo que infelizmente o cliente havia selecionado a segunda opção em vez de mim. Fiquei arrasada. Acontece que a rejeição não é o melhor amigo do nosso ego; dói tanto quanto o fracasso, mesmo quando não é nossa culpa.

Os quatro passos que me ajudaram a superar a rejeição

1. **SINTA A MÁGOA.** Se você recebeu um grande NÃO de alguém, da pessoa de quem você gosta, do trabalho que você queria ou de qualquer oportunidade que acreditava ser a certa para você, tudo bem estar triste e de coração partido. Este é um passo necessário para superar a rejeição. Se você for como eu, sua ansiedade vai se transformar em uma dor de estômago horrível se não a processar imediatamente, e você passará dias se perguntando: "Mas o que eu comi?". Seus sentimentos!

---

* Em português: Encare qualquer coisa. [N. do E.]

É importante reconhecer como nos sentimos e dar tempo para nos curar. Esconder nossos sentimentos e endurecer imediatamente não nos permitirá seguir com o processo e provavelmente vai nos assombrar mais tarde.

2. **SIGA O PLANO.** Acredito que, quando as coisas não acontecem, há uma razão, e curiosamente, na maioria das vezes, cedo ou tarde, eu entendo qual era essa razão. Talvez um mês depois você diga: "Nossa! Ainda bem que eles não me ofereceram aquele emprego, porque senão jamais teriam me transferido para a Europa!". É aquele momento especial que você estava procurando. Você já passou por isso, certo?

Aconteceu comigo um mês depois, quando a campanha da Olay foi lançada. Toda a campanha estava celebrando mulheres destemidas e literalmente usando a palavra *fearless* (destemida) para descrevê-las. Isso teria sido terrível para a minha marca, pois tenho uma enorme resistência a essa palavra e prefiro a palavra *corajosa*. Pensei: *Ufa. Ainda bem que não fiz parte dessa campanha!* Acredito tranquilamente que há um plano para nós e escolho seguir o plano. Pelo menos isso me dá tranquilidade e confiança para passar para a próxima etapa do processo de rejeição:

3. **SIGA EM FRENTE.** Não podemos nos apegar às coisas que não conseguimos para sempre. Pensar em todas as maneiras possíveis de fazer as coisas de uma forma diferente precisa de um prazo. Estabeleça um prazo e atenha-se a ele. Diga algo como: "Vou continuar sentindo pena de mim mesmo pelas próximas doze horas, depois acabou!".

Algumas pessoas vão precisar de alguns dias; algumas só precisam de minutos. Só você sabe o tempo necessário para superar a si mesmo.

Segundo a terapia comportamental dialética (DBT), a dor de ser rejeitado é inevitável na vida, mas o sofrimento é opcional. Isso significa que, quando aceitamos nossa realidade, estamos mais dispostos a tirar o melhor da situação e seguir em frente. Porém, quando a rejeitamos ou a combatemos, causamos a nós mesmos uma dose desnecessária de dor e sofrimento. Não pergunte "Por que eu?" nem comente "Isso não é justo!". Defina um prazo para si mesmo que você se comprometa a respeitar. Depois disso, a situação terá passado.

4. **REVERTA A SITUAÇÃO.** Sentir-se magoado após uma rejeição é algo com que todos podemos lidar. Então, como transformar sua experiência em uma história com a qual as pessoas se identifiquem e usá-la para se conectar a outras pessoas?

Quando recebi os dois *e-mails* de rejeição, fiz algo que não deveria: comecei a rolar pelo Instagram como uma forma de clarear a mente. O Instagram lembrou-me de que todo mundo estava conseguindo o que queria, e eu não. Comecei a sentir inveja e a ficar ainda mais decepcionada, pensando que jamais alcançaria as coisas que eu queria.

Enquanto rolava para baixo e sentia pena de mim mesma, tive um momento de percepção: não é que essas pessoas não estão sendo rejeitadas, pois elas são! Elas simplesmente não estão compartilhando suas histórias de rejeição nas redes sociais. É isso!

Fui contra o pedido do meu superego e admiti publicamente o que estava passando. Contei ao meu público do Instagram que também sou rejeitada. E, para demonstrar, compartilhei as capturas de tela dos dois *e-mails* de rejeição.

De repente, comecei a receber centenas de mensagens de pessoas compartilhando as histórias DELAS. Recebi capturas de tela de *e-mails* de pessoas que estavam sendo demitidas, pessoas que estavam sendo rejeitadas na faculdade em que se inscreveram e até a mensagem de uma menina que naquele momento estava sendo largada pelo namorado por mensagem de texto. E todos eles me agradeceram, do fundo do coração, por fazê-los se sentirem bem com a vida novamente.

E foi assim que nasceu a campanha *#ShareTheWholeStory*.

Compartilhar histórias de vulnerabilidade nos faz perceber que não estamos sozinhos, e todos nos sentimos melhor fazendo companhia um ao outro. Então, desafio você a compartilhar seus fracassos e suas histórias de rejeição com os outros com tanta frequência quanto compartilha suas vitórias. Você ficará surpreso com a forma como as pessoas reagem à vulnerabilidade e receberá uma tonelada de apoio quando mais precisar.

Minha missão é manter o equilíbrio: compartilhar as coisas boas, por que não? Mas também compartilhar o que não é assim tão bom. Você pode ficar surpreso ao ouvir que as coisas não tão grandes geram ainda mais engajamento, compaixão, lealdade, apoio, empatia e empoderamento de quem lê meu conteúdo. As pessoas estão ansiosas para conversar sobre esses temas pesados porque poucas se atrevem a compartilhar os fracassos, como as cartas de rejeição que recebem, os erros que cometem e a quantidade de sacrifício por trás do sucesso.

EU TAMBÉM ME ENGANO

Quando comecei a escrever este livro, passei de "espero que algumas pessoas comprem este livro e encontrem valor nele" para "será que este livro pode se transformar em um *best-seller* da noite para o dia e vender milhões de cópias?". Este último pensamento, bastante ingênuo, foi consequência de um *post* que li no Instagram.

Rachel Hollis havia atingido recentemente 2 milhões de cópias vendidas com seu livro *Girl, Wash Your Face** e postou sobre isso nas redes sociais. O sucesso dela me fez acreditar que eu também deveria alcançar esse tipo de marco com o meu livro, este livro que você está lendo atualmente. Mas não peguei a história toda.

À noite, quando eu estava contando a Adam tudo sobre os 2 milhões de cópias que Rachel Hollis vendeu e sobre a possibilidade do meu livro chegar perto disso, ele me fez uma simples pergunta: "Você leu o *post* todo?"

Naquele momento, percebi que não havia lido. Li as primeiras linhas:

> Passamos de 2 MILHÕES de livros vendidos nesta semana! Gente! Olha o que vocês fizeram!!... Isto é incrível. Vocês são incríveis!! Obrigada, obrigada, obrigada!

Na verdade, parei de ler depois do segundo "obrigada". Foi suficiente para eu questionar se meu livro poderia ser tão bom quanto o

---

* Em português: Menina, lave o rosto. [N. do E.]

dela e de repente mudar meu objetivo de vender alguns exemplares e ajudar as pessoas para bater 2 milhões de livros vendidos do nada.

O que eu estava perdendo era essa parte *muito importante* do *post:*

> Sou muito grata por este ano, por este livro e ainda mais grata pelos cinco que vieram antes dele. Porque este não é meu primeiro lançamento. Sei o que é ter um livro fracassado. Sei como é sentar-se em uma sessão de autógrafos por horas e não ter uma pessoa andando até a minha mesa. Sei como é querer tanto que pelo menos uma pessoa se importe com o meu trabalho. NUNCA vou superar que agora há milhões de pessoas que se importam. Prometo que jamais vou subestimar o valor disso. #GirlWashYourFace.

Você se arrepiou? Eu também.

Adoro seguir pessoas como Rachel Hollis porque, além de serem executores, compartilham toda a história e contam as coisas como são, sem mascarar nada. E nós, os leitores, não devemos apenas fazer a curadoria do nosso *feed* para ter certeza de que estamos apenas seguindo os influenciadores com coragem suficiente para compartilhar toda a história, mas também é nossa responsabilidade ler o *post* completo. Porque, quanto mais nos enganarmos, maior será o nosso superego e maior a distância entre nós e nossos objetivos.

Em um esforço para fazer do mundo um lugar que agrade o superego, ou seja, cheio de expectativas externas menores para ser perfeito e resolver tudo sem contratempos, tenho duas mensagens.

Para todos os criadores de conteúdo que estão lendo este livro:

Na próxima vez em que você pensar em compartilhar um post no Instagram sobre seus filhos felizes, pense nas mães que estão passando por um momento muito difícil e em todas as mulheres que não podem sequer conceber e que lerão seu *post*. Pense antes de escrever seu *post*. Quando você compartilha quanto você ama seu denguinho, pense em seus leitores que podem estar no meio de um divórcio terrível ou de um término. Expresse seu amor se for genuíno, mas mantenha os pés no chão e use humor e empatia para compartilhar a sinceridade de uma relação real e humana. Quando você postar sobre o seu corpo perfeito, saudável e em forma, leve em conta as pessoas com problemas terríveis de autoimagem que podem estar navegando no Instagram para distrair-se de suas próprias inseguranças e acabam tropeçando em seu *post* de #projetoverão. Esses pensamentos podem nos ajudar a ser mais conscientes ao compartilharmos nossa vida *on-line* e podem até nos inspirar a acrescentar um pouco de realidade, mantendo os pés no chão e causando menos danos. Vamos dar aos nossos leitores a ideia de que eles também conseguem, apesar dos fracassos e percalços ao longo do caminho.

Para todos os usuários que adoram rolar a página:

Por favor, não acredite em tudo o que você vê no Instagram. Ninguém tem a vida perfeita. Adoro o que a terapeuta Whitney Hawkins Goodman escreveu em um de seus *posts*: "A especialista em criar filhos que você vê no Instagram; os filhos dela fazem birra no supermercado. O terapeuta de casais briga com o cônjuge; eles podem até gritar. A nutricionista às vezes dá *fast food* aos filhos quando está cansada. A blogueira *fitness* falta ao treino na academia e tem dias de insatisfação com a imagem corporal". E posso acrescentar: a palestrante motivacional que fala sobre superar o medo às vezes fica aterrorizada com a vida (sim, eu mesma).

Na próxima vez em que você navegar pelo Instagram, pense em todos os contratempos que não estão na imagem, mas que ainda podem estar presentes na vida dessa pessoa. Esse é um mecanismo de defesa totalmente saudável e aceitável. Se as pessoas não estão compartilhando toda a história, crie a história em sua mente e ajude a ver o lado humano e imperfeito que todos nós temos. Nunca suponha que a outra pessoa conseguiu o sucesso facilmente. Recrie em sua mente as noites sem dormir, os *e-mails* de rejeição, as vezes em que eles se perguntaram: "Será que vou conseguir?" e as incontáveis horas dedicadas ao trabalho que eles criaram. *A "correria" é real.*

QUEM VÊ *CLOSE* NÃO VÊ CORRERIA

A maioria das pessoas mostra *apenas* resultados, porque a correria não é bonita, divertida ou legal. Pelo contrário, a correria é lenta, tediosa, cheia de olheiras, noites em claro e canecas de café vazias. Quem quer ver isso?

O problema é que, quando escondemos a correria, fazemos nossas conquistas parecerem sem esforço.

Quando outros se inspiram em suas conquistas e dizem algo como: "Quero ser como a Michelle, viajar pelo mundo e inspirar as pessoas com a minha mensagem", não têm ideia da quantidade de trabalho necessária. Logo ficam frustradas quando não atingem seus objetivos de primeira. Desafio você a mudar essas percepções e mostrar sua correria.

Assim como Rachel Hollis não vendeu 2 milhões de cópias da primeira vez, e nenhum cliente agendou minhas palestras logo após eu lançar meu TEDx Talk, você provavelmente não vai se tornar um sucesso da noite para o dia. E tudo bem, por dois motivos:

1. Não existe sucesso da noite para o dia. O que pode parecer da noite para o dia para você, na verdade, levou anos em construção. Você não estava lá enquanto tudo isso acontecia.

2. Se fosse fácil, todo mundo faria. Fazer é apenas para aqueles que perseveram, aqueles que são capazes de reformular o conceito de fracasso.

O que vem fácil vai fácil, mas queremos que o *nosso* sucesso permaneça, cresça, supere obstáculos e prevaleça ao longo do tempo. Portanto, precisamos entender que não será fácil, mas, se abrirmos as portas necessárias para chegar lá, uma hora chegaremos e ficaremos lá.

E, antes de passarmos para o próximo capítulo, que é um dos meus favoritos, quero compartilhar uma das histórias mais memoráveis que ouvi relacionadas ao fracasso.

"COMO VOCÊ FRACASSOU HOJE?"

Esta é a pergunta que o pai fazia a Sara e ao irmão dela todas as noites enquanto jantavam. Ambos tinham de providenciar pelo menos uma história de fracasso para contar ao pai todas as noites.

O pai dela celebrava e cumprimentava quem compartilhasse uma boa história de fracasso durante o jantar. "Pai, eu tentei essa coisa nova e fracassei totalmente!", Sara diria. "Bom trabalho, meu amor", o pai dela responderia. Mas, quando não havia histórias de fracasso ou rejeição, ele ficava totalmente arrasado e decepcionado.

Sara e o irmão estavam cientes da importância de experimentar coisas novas e fracassar como uma forma de crescer, aprender e ganhar resistência. Abrir portas e enfrentar o desconhecido tornou-se um hábito saudável para eles.

Hoje, Sara Blakely é a fundadora da Spanx e uma das mulheres mais influentes e ricas do mundo. E, embora possa ter muitos medos, fracassar não será a única coisa que a impedirá.

Então, eu pergunto: como você fracassou hoje? Desafio você a manter essa pergunta em mente durante todo o dia e voltar a este capítulo mais tarde para respondê-la.

Hoje eu fracassei em:

DE SONHADORA A EXECUTORA

Entrevista com Verónica Ruiz del Vizo

Verónica Ruiz del Vizo é uma empreendedora autodidata. Ela fundou sua própria agência de publicidade digital, a Mashup, quando tinha 18 anos e logo começou a trabalhar com grandes clientes, como PepsiCo, MasterCard, Doritos e Smirnoff. Agora, na casa dos 30 anos, a empresa cresceu para mais de 100 funcionários e trabalha com marcas de todo o mundo. Recentemente, criou uma plataforma educacional *on-line,* a DAR Learning, voltada a capacitar mulheres hispânicas a desenvolver todo o seu potencial.

MICHELLE: Qual é a sua percepção sobre o fracasso?

VERÓNICA: Eu fracasso quando (1) paro de ouvir minha intuição, (2) paro de apostar no meu próprio talento, (3) permito que a autodúvida predomine e (4) me afasto dos meus valores.

MICHELLE: Que lição você aprendeu ao fracassar?

VERÓNICA: O fracasso foi o meu maior professor na vida. Ele me ensinou que o medo pode falar alto na nossa cabeça, ainda mais alto do que a nossa intuição, às vezes. Devemos diminuir o volume do medo e aumentar o volume da nossa intuição, porque só assim poderemos agir de acordo com os nossos valores e as nossas prioridades. Também aprendi a ser uma líder mais condescendente e gentil com as pessoas ao meu redor. Porque, por mais que queiramos, não podemos manter tudo sob controle o tempo todo, então precisamos confiar mais em nós mesmos e nas nossas equipes. Vamos cometer erros, e tá tudo bem!

VERÓNICA: A única maneira de obter resultados excepcionais é assumindo riscos excepcionais. Como empresa, entendemos que é por meio da inovação que podemos alcançar o inimaginável e nos tornar pioneiros no nosso ramo. Optar por ficar na zona de conforto pode nos manter seguros por um tempo, mas também nos impedirá de gerar impacto.

MICHELLE: Qual é a cultura da sua empresa em relação a correr riscos?

MICHELLE:
De qual realização você tem mais orgulho?

VERÓNICA:

Tenho orgulho do meu eu de 17 anos.
Perdi minha mãe naquele ano e decidi acreditar
em mim mesma, ser minha maior aliada e dobrar
meus projetos. Isso não só me salvou de um colapso
emocional, como também me levou aonde estou hoje.
Agora, meu maior desafio é continuar sendo meu
eu resiliente e confiante, mesmo quando as águas
parecem mais calmas.

SEIS PRINCIPAIS lições

Acesse *hellofearsbook.com* para explorar mais atividades em inglês que colocarão este capítulo em prática.

→ Assista a uma palestra de Gary Vee sobre correr atrás e conquistar o que queremos.
→ Saiba mais sobre Verónica Ruiz del Vizo assistindo a uma curta entrevista que fizemos em inglês e seguindo-a no Instagram @veroruizdelvizo.
→ Confira a série *Dear Younger Self* em inglês no YouTube.
→ Explore a campanha *Face Anything* da Olay em inglês e as mulheres corajosas escolhidas no meu lugar.
→ Ouça o episódio em inglês de Sara Blakely em *How I Built This*.
→ Alugue o filme *Jobs* e inspire-se para mudar o mundo.
→ Leia o livro de Rachel Hollis, *Garota, pare de mentir pra você mesma*. Vamos ajudá-la a atingir 10 milhões de exemplares vendidos!

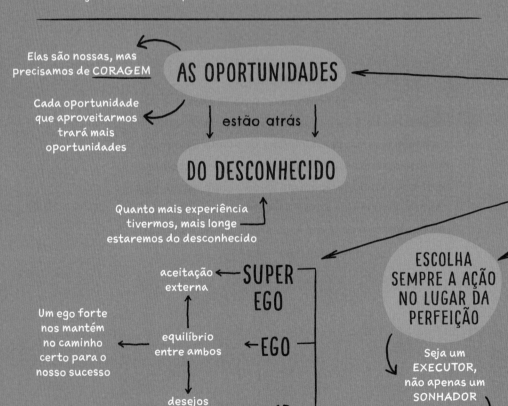

Elas são nossas, mas precisamos de <u>CORAGEM</u>

AS OPORTUNIDADES

Cada oportunidade que aproveitarmos trará mais oportunidades

estão atrás

DO DESCONHECIDO

Quanto mais experiência tivermos, mais longe estaremos do desconhecido

aceitação externa ← **SUPER EGO**

Um ego forte nos mantém no caminho certo para o nosso sucesso

equilíbrio entre ambos ← **EGO**

desejos internos ← **ID**

ESCOLHA SEMPRE A AÇÃO NO LUGAR DA PERFEIÇÃO

Seja um EXECUTOR, não apenas um SONHADOR

Não permita que a autodúvida atrapalhe você

SETE

E aí, — CRESCIMENTO?

ULTRAPASSANDO A FASE DO "SERÁ QUE ENLOUQUECI?"

"Vou pedir demissão."

ESSA FOI A MENSAGEM DE TEXTO que Adam me enviou em 14 de junho de 2016, às 15h45, sentado no escritório do chefe dele. A mensagem veio acompanhada de uma foto do chefe, que estava cuidando dos próprios negócios a poucos metros de Adam.

"Você vai o quê?! Calma aí. Vamos conversar sobre isso hoje à noite durante o jantar. NÃO se demita!" Essa foi a minha resposta.

Mais cedo, naquele dia, Adam teve uma conversa com uma pessoa, também chamada Michele, mas com um L só, que trabalha em uma prestigiada empresa de gestão que representa palestrantes como Brené Brown e Shawn Achor. Durante essa primeira conversa, Michele com um L só falou a Adam sobre o enorme potencial de Michelle (eu, com dois L) no ramo. Michele é uma dessas pessoas que amam tanto o seu trabalho que fazem de tudo para ajudar outras pessoas que encontram no caminho. Para nossa sorte!

Michele passou uma hora ao telefone com Adam ensinando-o sobre o ramo de palestras e ajudando-o a me posicionar como uma grande promessa.

Aquele telefonema de 52 minutos foi o catalisador para Adam querer abandonar o navio, dar adeus ao seu emprego estável e juntar-se a mim em tempo integral no lançamento da minha carreira de palestrante.

Bem-vindo ao capítulo mais essencial deste livro.

Se você também está no meio de uma decisão importante, vive um dilema, e a opção que você mais quer é a mais assustadora, esqueça os outros capítulos. ESTE é o que você precisa ler, até o final. Bem-vindo ao Capítulo 7, onde falamos sobre o processo de seis fases para enfrentar nossos medos e sobre como ultrapassar a ÚNICA fase que impede a maioria de nós de agir. Eu chamo essa fase de "Será que enlouqueci?".

PRÓS E CONTRAS

Naquela noite, Adam chegou em casa por volta das 19h com um enorme bloco de *post-it*. ENORME. Já viu um desses? Parecem *post-its* para gigantes e se chamam *easel pads*, caso você queira comprar. Também trouxe alguns marcadores para que pudéssemos fazer uma lista de todos os prós e contras de dar adeus à nossa única fonte confiável e estável de renda para iniciarmos um movimento e nos tornarmos empreendedores em tempo integral. Então, depois de um belo jantar de 10 minutos de *sushi* para viagem, colamos duas folhas de *post-it* na parede, uma para prós e outra para contras, e começamos a escrever tudo o que conseguíamos pensar. Como previ, duas folhas não foram suficientes. Passamos a hora seguinte debatendo e rabiscando coisas no papel. Estávamos enlouquecendo! Esta deve ter sido uma das decisões mais difíceis e emocionantes que já tomamos.

Já fazia quase um ano que eu havia pedido demissão. Então, como você pode imaginar, depois de viver por onze meses com apenas um salário em Nova York, esgotamos as nossas economias suadas. Com certeza não estávamos confortáveis em tomar a decisão de apostar tudo no empreendedorismo, mas nossa experiência nos mostrou que havia um negócio viável aqui e que, com todos os nossos esforços combinados, tínhamos uma boa chance de fazer funcionar.

Estes foram os principais pontos que nos ajudaram a decidir:

Contras da demissão:

1. Sem estabilidade alguma. Tínhamos poucos eventos (mal) pagos em vista naquele momento e economias para sobreviver pelos próximos dois meses economizando bastante.

2. Sem seguro de saúde ou qualquer outro benefício proporcionado pelo emprego.

3. Incerteza. Muita.

Prós da demissão:

1. Dobrar os esforços para lançar nosso próprio negócio juntos, em vez de ele precisar trabalhar das 9h às 18h no emprego e depois das 20h às 2h neste negócio, como vínhamos fazendo há um ano.

2. Ele poderia viajar comigo para todas as minhas palestras sem ter de pedir permissão ou usar todos os dias de folga e as férias.

3. Finalmente nos tornaríamos empreendedores, como sempre sonhamos. O céu é o limite, e as estrelas estão do nosso lado!

Passamos a noite toda debatendo entre duas opções:

ESTABILIDADE, que era uma opção baseada no medo e no conforto.

INDEPENDÊNCIA, que era uma opção baseada no crescimento e no progresso.

Conforto é a opção que dá a sensação de segurança. É o que todo o seu corpo implora para você escolher, porque requer menos trabalho, menos medo e menos problemas. Então, é bem difícil ir contra o que o seu corpo está pedindo e ouvir sua intuição, aquela que está apontando a opção certa para você: a opção do crescimento.

Às vezes não é fácil definir qual é a opção do crescimento e qual é a do conforto. Não é necessariamente uma decisão óbvia. O que pode parecer uma opção de crescimento (ou seja, uma nova oferta de emprego com salários mais altos em uma empresa prestigiada) pode ser a sua opção de conforto (esse trabalho pode ser melhor do que o que você tem agora, mas vai impedir que gaste mais tempo em seu projeto paralelo que pode futuramente se transformar em seu trabalho ideal em tempo integral).

"Qual é a opção que mais nos assusta?", foi o que perguntei a Adam às 4h naquele dia. E com base nessa resposta decidimos dormir e enfrentar o dia com nossa decisão...

"Ou você avança no crescimento
ou retrocede para a segurança."
— ABRAHAM MASLOW

A vida sempre nos dará opção: algumas nos levarão de volta à nossa zona de conforto; outras nos desafiarão, mas nos ajudarão a crescer. O importante aqui é identificar qual é a opção do crescimento e esco-lhê-la, apesar do medo que ela pode trazer. Na verdade, é a melhor maneira de distingui-las: **a opção do crescimento é, na maioria das vezes, a mais assustadora.**

Agora quero que pense em uma decisão que está diante de você, uma que pode fazer você alcançar seu próximo objetivo. Não precisa ser tão grande como mudar completamente de carreira, pode até ser uma pequena decisão com o potencial de ajudar você a se tornar uma versão melhor de si. Por exemplo: Será que devo convidá-lo para sair? Devo me mudar para longe? Aceitar essa oferta de emprego? Começar a praticar ioga? Ter uma alimentação mais saudável? Comprar um carro?

Será que eu devo...

Anote as duas principais opções para essa decisão:

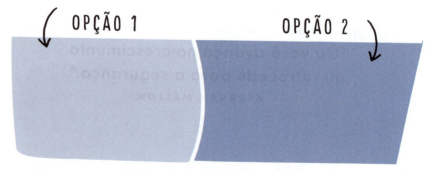

Agora circule a opção que mais o assusta e lembre-se dela ao longo deste capítulo.

O PROCESSO DE ENFRENTAR O MEDO

Há um processo de seis fases para enfrentar o medo — QUALQUER medo. Não é algo que li na internet; foi algo que descobri ao enfrentar 100 medos por conta própria. Percebi que, não importa quantos medos você enfrente, todos nós passamos pelo mesmo processo várias vezes.

A fase de descoberta

Imagine que você está tocando sua vida e seguindo a sua rotina em uma tarde qualquer de terça-feira, no trabalho, na escola, em casa, em um bar ou onde quer que seja. De repente, ao rolar o *feed* das mídias sociais, vê algo que faz você pensar: "Nossa, eu nunca faria isso", ou alguma dessas expressões que podem fazer você considerar algo em que jamais pensou. Pode ser um *post* de alguém dizendo: "Vou morar na Índia por um ano!", "Nos preparativos para me apresentar em um sarau hoje à noite!", "Compramos nossa primeira casa!" ou "Voltando a estudar depois de ter três filhos!" — ou seja lá o que assuste você. Talvez seja uma mensagem de texto com um convite inesperado, como: "Michelle, quer trabalhar como voluntária fora do país comigo este ano?". Aquele momento em que você percebe algo que não considerava e, de repente, faz você abrir bem os olhos e dizer: "E se?". Essa é a fase de descoberta.

A fase de negação

Imediatamente depois de descobrir que tem medo de fazer algo que jamais tinha considerado alguns minutos atrás, a sua mente vem com 200 motivos completamente "válidos" para não enfrentar esse medo. "Não estou em forma para isso", "Os meus pais ficariam loucos se eu fizesse isso" ou "Não tenho dinheiro para isso". Qualquer desculpa que precisemos dar a nós mesmos para que possamos dormir bem à noite, voltar à nossa zona de conforto e esquecer que cogitamos arriscar. Essa é a fase de negação e, infelizmente, a maioria das pessoas para nela, cercadas de desculpas que validam o querer ficar confortáveis.

A fase de determinação

As poucas pessoas que passam da fase de negação percebem que seus motivos "válidos" são apenas desculpas e, principalmente, o medo falando mais alto, e pensam: *E se eu fizer isso e as coisas derem certo?* De repente, surgem as expectativas e a empolgação, e, sem pensar muito, você já está fazendo planos para enfrentar o seu medo e vencer! Essa é a fase de determinação. Você está 100% determinado a fazer acontecer. Veja como você está animado!

No entanto, entre a fase de determinação e a fase de ação, há uma fase que é muito difícil de evitar e que impede a maioria de nós de agir, que eu chamo de:

A fase de "Será que enlouqueci?"

Este é o momento em que você se pergunta com uma voz grave e lenta: "No que foi que eu me meti?". Você está prestes a agir, mas o medo surgiu. Está analisando as piores hipóteses, e a sua mente está tentando convencê-lo de que você provavelmente vai... morrer. Talvez de constrangimento, dor emocional ou dor física real — afinal, o paraquedas pode não abrir. E se a ação só levar ao fracasso? Sim, é bem provável que aconteça. Ou, pelo menos, é disso que você está se convencendo. Apenas as pessoas *muito, muito* corajosas são capazes de superar os seus piores pensamentos e passar por essa fase, e é para isso que este capítulo serve: ajudar você a **agir.**

A fase de ação

"Você está aqui", diria o mapa. É um mapa semelhante ao que encontramos em um *shopping,* mas é muito mais simples. Ele tem um enorme círculo com as palavras *Zona de conforto* escritas no centro e uma pequena estrela muito fora desse círculo com a frase *Você está aqui.* É o que acontece quando aterrissamos na fase de ação. É quando ficamos *desconfortáveis *pra* caramba* e tomamos providência. É quando dizemos: "Valeu mesmo, mas eu desisto!", "Pai, sou *gay!*", "3, 2, 1, pule!",

"Aceito" ou "Uma passagem de ida para a Tailândia, por favor. Sim, só uma!" ou "Quero o divórcio, e vou ficar com o cacto!".

ZONA DE CONFORTO

VOCÊ ESTÁ AQUI

A fase de comemoração

Você já sentiu orgulho de si? Quer dizer, muito orgulho? Do tipo que dá vontade de dançar? Eu sei, com certeza, que nunca havia me sentido tão orgulhosa de mim mesma na minha vida. Eu me formei na faculdade com uma média alta, me casei com um homem incrível, fiz todas as coisas que eu esperava fazer e sentia orgulho. Contudo, para mim, essas coisas não estavam fora da minha zona de conforto. Por isso, realizá-las não me fez sentir especialmente *orgulhosa* de mim mesma. Eu pensei: pronto! Uma coisa a menos para eu me preocupar. Mas, orgulhosa? Não. Orgulho, *muito* orgulho, é o que você sente quando quer tanto algo que está disposto a lutar contra a fase "Será que eu enlouqueci?" e agir. Isso faz você sentir muito orgulho, qualquer que seja o resultado. Pare um pouco para comemorar e parabenize-se antes de seguir com sua vida e se preocupar com o que vem a seguir.

Agora eu desafio você a, neste momento, pensar em enfrentar um medo, mesmo que seja pequeno, e passar pelo processo que acabei de descrever. Já está na fase de negação? Fala sério!

A maioria das pessoas me pergunta sobre meus *segredos" para superar a fase "Será que eu enlouqueci?" e enfrentar meus medos. Mas, sinceramente, não há segredo, apenas uma simples pergunta que muda tudo. Uma pergunta que me dá o superpoder da visão de raio-X. Uma pergunta que mudou minha vida e, agora, a vida de muitos.

COMO ULTRAPASSAR A FASE "SERÁ QUE ENLOUQUECI?"

Em 18 de outubro de 2015, enfrentei meu centésimo medo. No próximo capítulo deste livro, vou contar como consegui palestrar no TEDx Houston, um dos meus grandes sonhos, assim como um dos meus maiores medos. Mas, por enquanto, compartilharei o que aconteceu naquele dia que me permitiu enfrentar meu medo e agir.

Às 14h45, eu estava tremendo. Estava prestes a subir ao palco quando comecei a passar mal do estômago.

Por que não considerei este momento quando decidi falar no TEDx Houston? A minha luta interna estava tão intensa naquele momento que a minha fase "Será que enlouqueci?" saiu do controle. A verdade é que eu estava prestes a subir ao palco para motivar as pessoas a enfrentar os seus medos, mas não tinha ideia de como controlar os meus... Eu me senti meio impostora, como se eu fosse uma nutricionista mandando você ter uma alimentação saudável enquanto come biscoitos na sua frente. Do que eu mais precisava era de uma varinha mágica ou de uma ferramenta real que pudesse me ajudar a enfrentar o meu medo de subir ao palco. Infelizmente, eu não tinha nada disso.

A minha caminhada da sala verde ao palco foi dolorosa, no mínimo. Eu estava mais apavorada do que nunca. Havia muito em jogo. Aquele era meu 100º medo. Não só os meus pais estavam assistindo, como os meus professores da School of Visual Arts e algumas das milhares de pessoas que estavam acompanhando o projeto. Além disso, a conversa foi transmitida ao vivo, então muita gente assistiria *ao vivo*.

Eu não estava indo sozinha para o palco. Uma voluntária do TEDx me acompanhava. O único trabalho dela naquele dia era arrumar o meu microfone e me levar ao palco. Mas, enquanto caminhávamos, ela olhou para mim, até sorriu para mim, mas eu não retribuí com o olhar que ela esperava. O meu rosto revelou quanto eu estava com medo de subir ao palco. Quando ela percebeu que eu estava prestes a ir para a outra direção, de volta à sala verde, de volta ao quarto de hotel, de volta ao avião, de volta a Nova York, de volta ao Medo nº 99, ela me agarrou pelos ombros, me olhou nos olhos e disse: "Michelle! Você consegue, querida. Vai ficar tudo bem. Além disso, qual é o pior que poderia acontecer?".

Você já se perguntou, ou perguntou a outra pessoa? Uma pergunta tão inocente e bem-intencionada, né? Claro. Não demorou muito para milhares de pensamentos negativos dominarem o meu cérebro, pensamentos que nem estavam lá no início.

Qual é a pior coisa que pode acontecer? Vejamos...

- Eu poderia esquecer o que ia falar.
- Eu poderia travar.
- Eu poderia passar vergonha.
- Eu poderia decepcionar a minha família, os meus professores e milhares de seguidores.
- Ou eu poderia fracassar totalmente, simples assim.

ISSO é o pior que poderia acontecer. Obrigada por perguntar! Eu me sinto muito melhor agora! Onde está o microfone? Ah, está comigo! Não está mais, fuuuuuui!

Quando eu estava elaborando todas as piores hipóteses possíveis na minha cabeça, tentando responder à pergunta da voluntária, me ocorreu: *Como vou criar a coragem necessária, se estou considerando apenas os resultados negativos?* Foi aí que decidi mudar a pergunta e humildemente me perguntei: "Michelle... **qual é a MELHOR coisa que pode acontecer?**".

De repente, consegui enxergar as possibilidades que estavam escondidas atrás dos meus medos, os VERDADEIROS motivos para eu fazer um TEDx Talk. Então, pensei em algumas das melhores hipóteses:

- E se eu fizer um bom trabalho?

- E se eu me lembrar de tudo o que tinha para falar?
- E se eu fizer as pessoas rirem, participarem ou até se emocionarem?
- E se eu deixar a minha família orgulhosa, os meus professores orgulhosos, e minha comunidade orgulhosa?
- E se eu ME deixar orgulhosa?
- E se eu realmente inspirar as pessoas na plateia a agir?

Inesperadamente, comecei a sentir **menos medo e mais empolgação**. Na hora! Porque naquele exato momento de paz, ouvi o apresentador dizer *"Aplausos para... Michelle Poler!"*.

Sem saber, eu estava acionando meu Sistema de Ativação Comportamental, o que me levou a ultrapassar a fase "Será que enlouqueci?" e agir.

RISCOS E RECOMPENSAS

Um momento *nerd:* nós, humanos, nascemos com um cérebro réptil como parte do nosso sistema nervoso. É aí que o nosso medo habita. Como nascemos com essa parte do cérebro já instalada, estamos propensos a pensar em riscos automaticamente em TODOS os momentos, principalmente antes de agir — isto é, na fase "Será que enlouqueci?". Mas, para enfrentar os nossos medos e fazer disso um hábito, devemos reconectar o nosso cérebro para nos concentrarmos na recompensa, e não no risco.

De acordo com o psicólogo Jeffrey Grey, há dois sistemas principais que influenciam cada decisão que tomamos: o Sistema de Ativação Comportamental (BAS) e o Sistema de Inibição Comportamental (BIS).

Na minha opinião, o **Sistema de Inibição Comportamental** responde ao risco e nos impede de agir. É o sistema que nos implora para ficar na zona de conforto e manter o *status quo*. É o sistema que escolhe focar apenas nos riscos envolvidos e nos pede para agirmos de acordo com eles.

Por exemplo, como você já sabe, no início das minhas palestras, logo após o apresentador anunciar meu nome, entro no palco dançando *reggaetón* e ME ENTREGO! E, se o público não ficar muito chocado e desconfortável, peço que dancem comigo. A maioria dos participantes prefere ficar paralisada na cadeira e ignorar o fato de que a música está tocando e de que alguém (eu) está claramente pedindo que se levantem e dancem. Todos eles estão reagindo ao Sistema de Inibição Comportamental, consideram todos os riscos possíveis e optam por ficar confortáveis nos seus lugares esperando que outra pessoa se destaque.

Os poucos corajosos que decidem aceitar o desafio e começar a requebrar são os que intencionalmente prestaram atenção no que seu **Sistema de Ativação Comportamental** estava lhes dizendo. Esse sistema é acionado pela recompensa e nos incentiva a agir. Então, nessa fração de segundo, pensaram em possíveis recompensas, como despertar, mostrar os seus movimentos ou fazer algo que pode estar completamente fora da sua zona de conforto, mas que os fará sentir orgulhosos de si mesmos depois.

Para escolher o crescimento em vez do conforto, a primeira coisa que precisamos fazer é focar nas recompensas. Reflita: "Qual é a MELHOR coisa que pode acontecer?" e escreva uma lista de todas as melhores hipóteses possíveis. Então, é só uma questão de se concentrar nessas coisas para agir. Essa é a melhor maneira de reconectar o cérebro e criar o hábito de correr mais riscos. Quanto mais você fizer isso, mais naturalmente essa maneira de pensar chegará a você.

Não preciso mais de uma varinha mágica; tenho o meu próprio superpoder, e agora você também tem.

VISÃO DE RAIO-X

Eu digo que essa ferramenta é o meu superpoder porque sinto como se tivesse visão de raio-X quando a utilizo.

Quando entramos na fase "Será que enlouqueci?", tendemos a esquecer nosso PORQUÊ, ou seja, os principais motivos que nos fizeram enfrentar certo medo; vemos apenas um muro de tijolos diante de nós. Cada tijolo tem uma mensagem negativa, como: "Você não vai conseguir", "Você não é bom o suficiente" ou "Quem você pensa que é?". É só o nosso medo falando mais alto. A única maneira de ver o que há por trás desses medos, daqueles tijolos pesados, é perguntar a nós mesmos: QCPA (Qual é a melhor coisa que pode acontecer?). Essa é a melhor chance que temos de ver o que está por trás do medo e focar na recompensa. É o que nos dará uma chance melhor de acionar nosso BAS (Sistema de Ativação Comportamental).

Com que sistema você reage na maioria das vezes? Toma a maioria das suas decisões com base no risco ou nas recompensas que certa oportunidade pode proporcionar?

- Sistema de Ativação Comportamental (BAS): reajo mais às recompensas
- Sistema de Inibição Comportamental (BIS): reajo mais aos riscos

Antes de passarmos para a próxima seção, quero que você se pergunte: "Qual é a MELHOR coisa que pode acontecer?" se prefere a opção que circulou algumas páginas atrás. Anote cinco recompensas possíveis que você receberia ao tomar providências:

Se eu ,

isso poderia acontecer:

CONTAGIANTE

O crescimento é pessoal; o que pode ser crescimento para mim pode ser conforto para você, e vice-versa. E o que é crescimento para você hoje pode se transformar em conforto daqui a alguns meses ou anos a partir de agora. Só você pode determinar o que significa crescimento para você neste momento.

A magia nisso tudo é que, não importa o que significa crescimento para você, quando você decide compartilhar essa história com os outros, o simples ato de escolher a coragem pode inspirar muitos a fazerem o mesmo. O medo é um dos sentimentos com que as pessoas mais se identificam; e é por isso que ele tem tanto poder. Você pode infectar alguém com medo, ou pode infundir-lhe coragem. Eu prefiro espalhar coragem, e estas são algumas das minhas histórias favoritas de pessoas que ouviram a minha mensagem e tomaram providência. Talvez você também se identifique com algumas delas.

Sete histórias de crescimento de pessoas comuns

1.

"Para mim, o crescimento foi conseguir me posicionar apesar da minha gagueira."

Sajia L.

A minha gagueira começou assim que os meus pais se separaram. É como se a minha garganta entalasse, o que me faz repetir letras (principalmente as vogais) enquanto estou falando. Não há nada pior do que querer comunicar pensamentos e opiniões, mas não conseguir por causa de uma situação que está além do meu controle.

Quando comecei a trabalhar no setor bancário, a gagueira ficou mais evidente, sobretudo quando precisava falar com meu chefe. Por causa do seu estilo apressado, muitas vezes ele, literalmente, me deixou com as palavras na boca.

Um dia, criei a coragem necessária e disse: "Preciso dizer uma coisa e preciso que você me escute, porque sei que, quando eu gaguejo, você não me escuta". O meu chefe ficou paralisado. Agora ELE estava sem palavras. Ele imediatamente se desculpou e, pela primeira vez, me ouviu.

Aquele momento foi uma revelação porque me mostrou que a minha voz tem valor. Hoje reconheço e valorizo a ação de ouvir os outros mais do que qualquer outra coisa. Ouvir é a única maneira de descobrir as grandes coisas que os outros têm a nos oferecer.

2.

"Para mim, o crescimento teve a ver com fazer uma tatuagem de amor-próprio, sem a validação dos outros."

Andrea R.

Fui magoada no ano passado, e foi a primeira vez que meu coração ficou em pedaços. A dor era tão profunda que eu pensei que ia morrer em algum momento.

Durante esse tempo, a única coisa que podia acalmar a minha ansiedade era o som do mar. Baixei todos os aplicativos de meditação e passava horas olhando para o mar não muito longe da minha casa. Ficava hipnotizada com a forma como se aproximava e se afastava de mim. Foi quando me ocorreu: eu precisava fazer uma tatuagem de onda como uma forma de superar o meu primeiro coração partido.

Os meus pais são as pessoas mais carinhosas que conheço, mas não entendem nem apoiam visões modernas sobre igualdade, direitos LGBT e várias outras coisas, como tatuagens. Mas, apesar de discordarem, fiz mesmo assim. Tenho uma tatuagem de onda.

Foi só uma tatuagem, mas para mim foi mais do que isso. Era eu me defendendo, era eu tomando decisões sem a aprovação dos meus pais, era eu superando minha primeira decepção amorosa, era eu me sentindo bem mesmo sem ter todas as respostas, era eu crescendo, era eu sendo corajosa, era eu confiando em mim mesma, era eu cheia de certeza. Era eu fluindo.

Percebi que não sou quem os outros querem que eu seja, e isso me dá permissão para escolher quem quero me tornar.

3.

3. "Para mim, o crescimento teve a ver com viajar sozinha pela América Latina."

Jessica L.

Acho que tudo começou com um adesivo que recebi em uma das apresentações de Michelle Poler.

"Se tivesse coragem, eu..."

Acabei escrevendo: "Se eu tivesse coragem, eu viajaria sozinha".

Talvez aquele adesivo não significasse nada. Eu não precisava enfrentar esse medo, mas, alguns dias depois daquela apresentação, uma amiga começou a correr atrás do sonho do seu adesivo! Esse foi o último empurrão que precisei para tomar a decisão de viajar para Cusco, no Peru.

É o momento em que você pensa constantemente no que poderia dar errado. No avião, escrevi uma nota com todos os meus medos como uma experiência para ver como os sentimentos poderiam ser diferentes antes e depois. Surpreendentemente, tudo o que eu duvidava ou temia não tinha relação com a maneira como as coisas realmente aconteceram. Na verdade, conhecer outras pessoas que viajavam sozinhas foi como ter um gostinho das coisas maravilhosas que o mundo tem a oferecer.

Aprendi como é incrível viajar sem me perguntar como vai ser, mas compartilhando a admiração com outras pessoas que poderia conhecer e lugares que poderia descobrir. Tudo isso só por se abrir à oportunidade.

4.

**"Para mim, crescimento teve a ver com devolver o anel
ao meu noivo semanas antes do casamento."**

Laura E.

Quando o meu namorado me pediu em casamento, eu aceitei! O meu futuro parecia incrível naquele momento. Alguns meses se passaram, e comecei a sentir uma sensação de frio no meu peito... Parecia que um enorme pedaço de gelo estava derretendo com força sobre o meu coração.

Com o tempo, a sensação evoluiu de um gelo derretendo no peito para mil pedras me esmagando e mal me permitindo respirar. Então, consultei uma terapeuta. Essa foi a melhor decisão que eu poderia ter tomado. Naquele pequeno consultório, consegui enxergar todo o contexto.

Mesmo que o meu noivo fosse mais do que perfeito aos olhos de muitos, ele não era perfeito para mim. Eu me forcei a pensar que ele era *o amor da minha vida* por causa de suas muitas qualidades admiráveis e únicas. Mas eu não era necessariamente apaixonada por ele.

Terminei o noivado em uma quarta-feira à tarde. Percebi que ninguém, além de mim, é responsável pela minha felicidade, e que ninguém, além de mim, é capaz de lutar por ela. Eu achava que uma grande parte da minha vida estava resolvida e de repente voltei à estaca zero. Tenho plena certeza de que foi melhor assim.

A vida e o casamento já são difíceis o suficiente com a pessoa *certa* ao seu lado; não faz sentido torná-los mais complicados casando-se com a pessoa errada. Finalmente sinto paz em meu coração e um novo senso de amor-próprio do qual estou desfrutando profundamente.

5.

"Para mim, o crescimento teve a ver com sentir orgulho de ser mãe e dona de casa."

Daniela G.

Sempre achei que fosse uma mulher de espírito livre: autônoma, uma viajante ativa e financeiramente independente. Essa era a minha vida até me tornar mãe.

Quando engravidei, a ideia de deixar minha filha durante o dia com um completo estranho enquanto íamos trabalhar não era uma opção. Então fiz o que achava que não seria tão difícil: cuidar da minha filha. Em tempo integral. Tipo 24 horas por dia, todos os dias.

Ser mãe em tempo integral me fez sentir pequena, menor que o resto. Por muito tempo achei que não era suficiente. Senti vergonha, como se o meu cotidiano não fizesse sentido para os outros. Isso é uma consequência da forma como a sociedade foi construída e da pressão que sentimos para ser "alguém" neste mundo.

Então, encontrei alguns aliados: novos amigos, livros, artigos, até perfis de mídia social que me ajudariam a entender quanto esse trabalho é importante. A neurociência até sugere que estar perto da mãe é fundamental para desenvolver conexões neurais saudáveis no cérebro.

Nunca perdi um dente que caiu, o sorriso constante da minha filha ou os primeiros passos dela. Enfrentar o medo de me tornar uma mãe dona de casa não só mudou a minha vida, como mudou a forma como vejo e entendo o mundo.

6.

"Para mim, o crescimento teve a ver com fazer trabalho voluntário no exterior para ajudar crianças carentes."

Mijal E.

Sempre amei ajudar os outros, e o meu sonho era fazer trabalho voluntário em um orfanato na África. Nunca fiz muito além de navegar por fotos na internet e imaginar a experiência. Acho que tinha medo de ir.

Logo após me formar na faculdade, uma das minhas melhores amigas me disse que ela também queria fazer isso. Fizemos as malas e viajamos para o Quênia por cinco semanas.

Não fazíamos ideia de onde estávamos nos metendo. Tudo o que já subestimamos em nossa vida é um luxo lá. Eu não sabia que tinha o privilégio de ter água limpa até viver sem ela. Não tínhamos eletricidade se o dia não estivesse ensolarado. O nosso banheiro era um buraco no chão.

Em poucos dias, todos os meus medos pessoais desapareceram, e a minha única preocupação era fazer aquelas crianças felizes.

Aprendi a apreciar as coisas simples da vida. Uma vez que vê como essas crianças realmente são felizes, você se sente culpado por reclamar de um dia chuvoso no conforto de sua casa.

7.

"Para mim, o crescimento foi abandonar o meu emprego estável em finanças para apoiar a carreira da minha esposa, apesar das expectativas da sociedade."

Adam Stramwasser

Desde que nos casamos, Michelle e eu nos ajudamos mutuamente nos nossos projetos. Sempre vimos nosso relacionamento como uma parceria, e o que fosse melhor para um também era o melhor para a equipe.

Logo após o TEDx Talk da Michelle, percebemos que havia uma grande oportunidade. Eu sabia que, se eu tivesse tempo para investir na carreira de palestrante da Michelle, poderíamos transformar isso em nosso principal negócio. Mas a ideia de renunciar à minha própria carreira depois de anos estudando e duas faculdades, abrindo mão do papel de provedor e sendo visto como o marido que trabalha para a esposa, me abalou. As expectativas da sociedade tornaram tudo muito mais difícil:

"O Adam é o ajudante da Michelle"; "o Adam só carrega as malas da Michelle; "o Adam está 'desfrutando a vida' agora que a sua esposa é quem sustenta a casa."

Ainda bem que tive coragem de ouvir a minha voz interior e não a de todos os outros. Acompanhar Michelle em tempo integral não só nos transformou em empreendedores bem-sucedidos, mas também me levou a descobrir a minha paixão e a construir a minha própria marca pessoal. Senão, hoje eu ainda estaria respondendo a um chefe, ganhando uma fração do que eu ganho e tentando, em vão, encontrar o meu propósito na vida. E a carreira da Michelle jamais teria decolado como decolou.

CRESCER
é uma escolha

CRESCER

Crescer é assumir o controle da nossa própria felicidade e do nosso próprio destino.

Crescer deve ser uma intenção quando projetamos a nossa vida.

Crescer é fazer tudo o que está ao nosso alcance para atingir os nossos objetivos.

Crescer é ignorar as opiniões dos outros e seguir o nosso coração.

Crescer é ser o/a herói/ heroína da nossa própria vida, não a vítima.

Crescer é liberdade.

Crescer é uma escolha.

Antes de passar para o próximo capítulo, assine este contrato consigo mesmo:

"Eu, _____, me comprometo a escolher o crescimento em vez do conforto a cada chance que tiver. Porque acredito em mim, mereço ser feliz e o meu futuro está nas minhas mãos."

_____

(Assine aqui)

SETE PRINCIPAIS lições

Acesse *hellofearsbook.com* para explorar mais atividades em inglês que colocarão este capítulo em prática.

→ Assista ao meu TEDx Talk e aos bastidores.
→ Assista à apresentação de Seth Godin sobre o cérebro do lagarto.
→ Leia mais histórias de coragem em hellofears.com.
→ Acesse o perfil @stramhacks no Instagram, a marca pessoal que Adam descobriu depois de pedir demissão.

"Ou você avança no crescimento ou retrocede para a segurança."
— ABRAHAM MASLOW

PROCESSO DE 6 FASES

#1 descoberta

#2 negação

#3 determinação

#4 será que enlouqueci?

#5 ação

#6 comemoração → **A CORAGEM É CONTAGIANTE**

OPÇÃO MAIS ASSUSTADORA

na maioria das vezes
😳

foco nas
RECOMPENSAS

foco nos
RISCOS

SISTEMA DE
ATIVAÇÃO
COMPORTAMENTAL

SISTEMA DE
INIBIÇÃO
COMPORTAMENTAL

Qual é a
MELHOR
coisa que pode
ACONTECER?

Visão de
raio-X para
nos permitir
ver além

E aí,
CRESCIMENTO?

Como ultrapassar
a fase do "Será que
enlouqueci?"

escolha

CRESCIMENTO   em vez   CONFORTO
de

a opção que conduzirá
você rumo aos
seus sonhos

a opção que manterá
você exatamente
onde está

OITO

E aí, PRA JÁ?

APRENDENDO A PEDIR AS COISAS QUE VOCÊ QUER, PRECISA E MERECE

Caro Javier, meu nome é Michelle Poler e estou no meio de um projeto pessoal chamado "100 dias sem medo". Já enfrentei 89 medos e estou começando a planejar o número 100. Como este projeto viralizou e me ensinou mais lições do que eu poderia imaginar, pensei em compartilhar esses valiosos aprendizados com o mundo por meio da plataforma TEDx. Teria interesse na minha presença no seu evento dia 18 de outubro?

ESSA FOI A MENSAGEM PRIVADA NO LINKEDIN que escrevi para o organizador do TEDx Houston em 2015. Ele estava muito empolgado para ouvir a minha história, mas carregava uma pergunta: eu tinha alguma ligação com Houston?

Depois de elaborar 15 *e-mails* diferentes com maneiras criativas de dizer que tenho ligações com Houston, eu disse a verdade: infelizmente, não.

O verdadeiro motivo para eu escolher este TEDx é porque seria o mais próximo depois que eu acabasse o meu projeto.

> Querida Michelle, é uma pena. Estamos tentando trazer palestrantes relevantes para o público de Houston e que preferencialmente sejam daqui. Boa sorte com seu 100º medo!

Como assim?!

O que VOCÊ teria respondido? Eu tinha duas opções: (1) encontrar uma forma diferente de enfrentar meu 100º medo ou (2) lutar pelo único desafio que sonho enfrentar desde que comecei o projeto: palestrar em um TEDx Talk. Escolhi a segunda.

De repente, eu me tornei a pessoa mais assertiva que já conheci e enviei a Javier um *e-mail* de longo formato afirmando todos os motivos para ele me levar como palestrante ao evento, e eu acreditava FIRMEMENTE em tudo. Falei sobre quanto a mensagem de bravura pode ser universal, então as pessoas de Houston, da China, da Polônia, do Brasil e de todos os cantos do mundo se identificariam com ela.

Por fim, prometi a ele que cada pessoa daquela plateia realizaria um ato de coragem depois de ouvir minha palestra, ainda que fosse pequeno. Eu sabia, no fundo do coração, que essa conversa causaria muito impacto na minha vida e na vida de muitos. Então, escrevi com toda a sinceridade e enviei o *e-mail* sem olhar para trás. **Eu literalmente não tinha nada a perder e tudo a ganhar.**

Ele levou dez dias para me retornar. DEZ longos dias, cheios de dúvidas e incertezas. Mas depois de dez dias, do nada, recebi um *e-mail* do Javier:

> Michelle, posso ver que este projeto transformou você em uma pessoa resiliente. Admiro isso. Bem-vinda ao TEDxHouston!

Aí, sim!

Chorei *lágrimas de felicidade* pela primeira vez na minha vida. Li o *e-mail* do Javier e comecei a chorar, incontrolavelmente, sozinha, sentada na frente do meu *laptop* em casa. Porque (1) consegui entrar no TEDx! Meu sonho da vida inteira. E (2) eu fiz por merecer. Fiquei chocada porque meu *e-mail* funcionou. Porque minha resiliência compensou! Quando você tem a coragem de pedir as coisas que quer, pode realmente conseguir. **Quando você acredita muito em si mesmo, faz os outros acreditarem em você também.** Esse *e-mail* representava tudo isso para mim e muito mais.

Se você tem medo de pedir as coisas que quer, precisa e merece, este capítulo é para você. Antes eu dizia "A comida está boa, obrigada", quando na verdade eu tinha odiado e até encontrado três fios de cabelos pretos, enrolados, curtos e de procedência questionável. E passei a dizer: "Caro garçom, além de não ter gostado muito deste prato, olha isto!". E não me considero uma pessoa que tenta agradar todo mundo, mas evito confronto a todo custo, então me defender jamais esteve nos meus planos, e *isso* estava custando a minha felicidade. O meu objetivo com este capítulo é ajudar você a se tornar a pessoa mais assertiva que conhece.

"NÃO, OBRIGADA"

Sabe o que é mais difícil do que ser rejeitado? Rejeitar alguém ou alguma coisa. Você já tentou? Eu sinceramente *odeio* isso. Mas, ao longo desse processo, aprendi a importância de dizer não e de rejeitar as coisas que acreditamos não serem certas para nós. Talvez seja um parceiro que está nos segurando, um título que não nos representa, uma empresa que não se alinha aos nossos valores, um pedido que nos deixa desconfortáveis, ou, no meu caso, uma parceria com uma marca global. E este foi o motivo:

Vamos voltar um pouquinho. Depois de viralizar com o projeto de 100 dias, surgiram muitas oportunidades. No início, eu estava tão empolgada com esse fenômeno e com toda a atenção que estava recebendo que aceitava todo convite para *podcast,* todo telefonema com clientes em potencial, toda entrevista de mídia ou oportunidade de parceria. Algumas dessas coisas eram golpes, outras eram perda de tempo, mas algumas eram bem legítimas.

Falando em legítimo, um dos *e-mails* que recebi foi da agência de publicidade em que sonhei trabalhar durante a faculdade. Uma de suas marcas era 5 Gum, e a sua campanha na época era "A vida acontece em 5", cerca de 5 segundos antes de enfrentar um medo. Tudo a ver com o meu projeto, certo? Eles me contataram com a esperança de trabalharmos juntos e até mesmo de patrocinarem meu 100º medo.

No momento, eu estava enfrentando meu 60º medo, então meu último medo estava bem distante. O TEDx nem era uma opção na época. Poder contar com uma agência de publicidade renomada para elaborar um modo criativo de enfrentar meu 100º medo parecia incrível. Aceitei a proposta deles, e começamos a trabalhar juntos imediatamente.

Havia toda uma equipe criativa trabalhando para mim, apresentando-me ideias de coisas que eu poderia fazer como meu último desafio. Para mim, foi tudo muito frenético e inacreditável. Passei de funcionária da equipe criativa de uma agência de publicidade, desenvolvendo a identidade visual de marcas e influenciadores, para, de repente, ser a influenciadora e ter marcas apresentando propostas PARA MIM. *Como assim?*

Após semanas de idas e vindas e o 100º medo se aproximando rápido, a equipe teve uma *ótima* ideia. A ideia deles era... UMA SURPRESA! Sim, queriam manter o meu 100º desafio como surpresa, para que eu fosse a algum lugar aleatório e enfrentasse um medo que ELES decidissem que eu deveria enfrentar. Certo. Parece que levaram o fator medo a sério demais. Se a ideia era me aterrorizar, com certeza conseguiram — e muito antes do prazo.

Então, Adam liga para a agência e diz que a ideia precisaria passar por ele primeiro. Ele conhece bem o projeto e ME conhece bem o suficiente para aceitar ou recusar.

Era isto o que eles tinham em mente:

OPÇÃO 1: descer de rapel por um dos prédios mais altos e famosos de Nova York, o Rockefeller Center.

OPÇÃO 2: ser amarrada em cima de um avião pequeno que sobrevoaria Las Vegas fazendo todo tipo de acrobacias malucas.

Qual você escolheria? Se você for como eu, espero que tenha respondido NENHUMA DAS DUAS em LETRAS GARRAFAIS. As ideias eram radicais e não estavam muito alinhadas com a minha marca pessoal nem com o projeto. Então, naturalmente, Adam discutiu as ideias comigo primeiro, sabendo que eu não concordaria em fazer nenhum desses desafios como o meu medo mais esperado.

"Vamos deixar essa oportunidade passar?", perguntei a Adam. Tínhamos muito a perder. Você já se sentiu assim? Como se tivesse uma oportunidade incrível à sua frente, mas, por alguma razão, não parecia certa? Esse acordo poderia ter levado meu projeto a outro nível. E, como eu tinha largado o meu emprego semanas antes, o dinheiro que eles estavam oferecendo seria muito útil. Mas no fundo algo não parecia certo. Eu sabia, de coração, que queria que o meu último medo fosse mais do que um medo físico e tivesse um impacto mais significativo.

Então, depois de pensar muito, decidi recusar a oportunidade e enviar o primeiro *e-mail* para Javier sobre enfrentar meu medo no TEDxHouston.

Essa decisão não só marcou o início da minha carreira de palestrante, mas me mostrou a importância de ir atrás daquilo que acreditamos ser a coisa certa, e não se deixar levar pelo que *pode parecer" mais glamoroso. Recusar a 5 Gum era como enfrentar um medo: o medo de confiar nos meus instintos.

A minha experiência com a 5 Gum abriu um novo mundo para mim, o mundo do "Não, obrigada!".

Antes de realizar o meu projeto, eu dizia "Não, obrigada!" às coisas que me assustavam, não importando a oportunidade que elas representavam. Agora eu digo "Não, obrigada!" para as coisas que podem não agregar tanto valor à minha vida ou que não me trazem grande felicidade.

Porque uma coisa que não podemos trazer de volta é o tempo. **O tempo é nosso bem mais precioso e o que mais menosprezamos.**

"DEPOIS"

"UM DIA EU VOLTO A ESTUDAR E ME FORMO."

"ODEIO ESTE LUGAR. VOU ME DEMITIR DAQUI A TRÊS ANOS, QUANDO CONSEGUIR UM CARGO ALTO."

"UMA HORA EU ACABO TERMINANDO O NAMORO."

Soa familiar?

O problema é que nosso tempo na Terra é limitado e, toda vez que dizemos "sim" para algo de que não gostamos, estamos dizendo "não"

QUANDO ACREDITAMOS MUITO EM NÓS MESMOS, OS OUTROS TAMBÉM ACREDITAM EM NÓS!

ao que realmente queremos. Parece que o medo da MUDANÇA é maior do que o medo de passar a vida inteira... esperando.

Dizer "sim" a um namorado por quem você não está loucamente apaixonada significa dizer "não" ao amor da sua vida que está lá fora, esperando para atravessar o seu caminho antes que seja tarde demais. Dizer "sim" a um emprego que torna sua vida infeliz é dizer "não" à oportunidade perfeita de trabalho.

O mesmo acontece com as decisões que tomamos diariamente. Toda vez que dizemos "sim" para sair com alguém que não suportamos, estamos dizendo "não" para passar mais tempo com as pessoas de que gostamos. Dizer "sim" para outro episódio na Netflix significa não fazer progressos em um projeto pessoal. "Sim" para ajudar alguém significa "não" ajudar a si mesmo.

Não estou pedindo para você ser 100% egoísta o tempo inteiro, mas, por alguma razão, achamos que está tudo bem em colocar a nossa vida, as nossas necessidades e os nossos desejos por último. Isso não é nada legal. **Precisamos aprender a dizer "Não, obrigada!" mais vezes aos outros e "Sim, por favor" mais vezes para nós mesmos, nosso futuro e nossa felicidade.**

> "Se você não está dizendo 'aí, sim'
> para alguma coisa, diga não."
> — DEREK SIVERS

RECUSAR EDUCADAMENTE

Dizer "não" não precisa significar "Não me importo com você" ou "Não gosto de você". Significa apenas "Tenho outras prioridades agora" ou "Preciso fazer isso por mim". É uma questão de aprender a recusar educadamente convites, pedidos ou favores de modo a respeitar o nosso desejo sem magoar outras pessoas.

No meu caso, precisei recusar muitos pedidos como forma de arrumar tempo para escrever o meu livro, sim, este livro. Então, *e-mails* como "Michelle, podemos entrevistá-la para uma rádio em Berlim?" ou "Também moro em Nova York. Podemos nos encontrar para tomar um café algum dia?" provavelmente receberam um educado, porém muito assertivo, "não" como resposta.

Aqui estão alguns passos que podem ajudar você a decidir se deve dizer "sim" e como dizer "não":

Passo 1

Pense em um pedido que recebeu nos últimos dias ou talvez um que tenha mexido com a sua cabeça nos últimos meses. Preste atenção na forma como você reagiu quando o pedido foi feito. Se precisasse de um *emoji* para descrever sua expressão ao ouvir esse pedido, que *emoji* seria?

Se a sua primeira reação foi como a do primeiro *emoji*, e você ainda reage assim depois de pensar no pedido, por que ainda está lendo este livro? Vá dizer "sim" para quem lhe fez a pergunta. Anda, anda!

Se você selecionou qualquer outro *emoji*, é mais provável que seja um "não". Mas, primeiro, leia o passo 2:

Passo 2

Saiba que você não precisa responder imediatamente. (Aliás, eu sou péssima nisso.) Se você não se empolgou imediatamente com o pedido que recebeu, e não sabe bem como responder, pode dizer algo como: "Que ideia interessante! Vou pensar no assunto e depois falo com você!". E tire um tempo para discutir com pessoas que você respeita e cuja opinião valoriza.

Passo 3

Digamos que metade de você quer dizer "sim", mas a outra metade está torcendo pelo "não". Como você escolhe? Agora é a hora de ser REALMENTE sincero consigo mesmo.

Pergunte a si mesmo:

1. Quero dizer "sim" por minha causa ou por causa da outra pessoa? (Alguém está forçando você a fazer algo que não quer fazer, mas você não gosta de decepcionar outras pessoas — mãe, cônjuge, chefe, amigo, irmão, filha... estranho? Eu já vi isso! Já aceitei um vinho por causa do olhar de julgamento de um garçom!)

2. Quero dizer "sim" só porque tenho medo de dizer "não"? (Há uma oportunidade diante de você que parece boa, mas no fundo do seu coração algo está mandando você recusar, e você tem medo de perder essa oportunidade?)

Tomar decisões com base nas necessidades de outras pessoas ou decisões baseadas no medo em vez de no crescimento *não* nos levará muito longe.

Razões para dizer "sim":

1. Agora parece ser a coisa certa: sua intuição está dizendo para você ir nessa.

2. Pode levar você aonde quer ir, mesmo que soe desafiador (em relação a carreira, relacionamento, saúde, vida...).

3. Traz alegria a você.

Se você acabar dizendo "não" a este pedido ou oportunidade, a maneira como você recusa é o mais importante:

Passo 4

Depois de definir o que mais quer na vida, e o que menos quer, você pode começar a estabelecer limites. Isso ajuda a recusar pedidos para que outros o respeitem ainda mais.

O mais importante neste passo é respeitar os limites que você estabeleceu para si mesmo. Se você ultrapassar os seus próprios limites, não pense por um minuto que alguém vai respeitá-los:

- Se disser que só realizará reuniões às quartas-feiras, nunca agende reuniões às terças ou sextas.
- Se definir que as noites de quinta-feira estão reservadas para um encontro romântico com seu parceiro, reserve essa noite para ele.
- Se a regra é que as pessoas possam ficar no máximo uma semana em sua casa, faça de tudo para cumprir a sua palavra, não importa qual seja a pessoa ou a situação dela.
- Se você decidir não usar o telefone depois das 20h para estar mais presente com sua família em casa, não atenda chamadas depois desse horário e peça para não ligarem para você. (Sim, mãe, nem você.)

Dessa forma, não parece que estamos tomando uma decisão baseada na pessoa específica ou no pedido, e ela não levará para o lado pessoal. Deveria soar mais como: "Muito obrigada por perguntar. Agradeço a consideração, mas vou recusar educadamente, pois neste momento só estou considerando/focando/usando o meu tempo livre para [preencha a lacuna]". Dessa forma parece mais genérico e você não precisa entrar em detalhes, deixa a porta aberta para oportunidades futuras e demonstra que você sabe como estabelecer limites e respeitar o seu próprio tempo. E há algo muito admirável nisso.

Na verdade, **dizer não às pessoas que você ama aprofunda a confiança.** Isso mesmo, simples assim.

Quando você disser "não" da maneira certa, seus entes queridos entenderão que é porque você está se respeitando. Essa atitude também permite que eles saibam que também podem lhe dizer não e que você quer que eles se respeitem. Quando o "sim" chegar, saberão que você está animado para fazer o que aceitou e vão aproveitar o melhor de você. E isso afasta o ressentimento porque todos podem falar com sinceridade sobre suas prioridades, seus desejos e suas necessidades.

O que NÃO fazer ao rejeitar alguém ou alguma coisa:

- Culpar outra pessoa.
- Definir um limite e depois ultrapassá-lo.
- Inventar desculpas diferentes para pessoas diferentes.
- Dar a entender com palavras ou com linguagem corporal que você pode mudar de ideia se houver insistência. (Cuidado para não enviar sinais ambíguos. Diga NÃO com todo o seu corpo e faça contato visual ao falar.)
- Dizer "sim" em vez de "não". Parece bobagem, mas alguns sucumbem facilmente à pressão. Começamos nossa frase com "não" e, ao longo do caminho, acabamos dizendo: "É, talvez. Acho que... sim. Com certeza, SIM." Eu já fiz isso!

O segredo é a assertividade

É o que basta para pedirmos as coisas que queremos e rejeitar as que não queremos.

Ser assertivo significa ser capaz de defender seus próprios direitos ou os de outras pessoas de maneira calma e positiva, respeitando a si mesmo e aos outros sem ser agressivo nem impor as suas opiniões.

LUTE COM BONDADE

Eu estava viajando com Adam, indo de um evento de liderança juvenil para outro, quando tivemos um incidente que quase acabou com a nossa viagem.

Depois de ter de desembarcar do avião por causa de um problema técnico, a companhia aérea nos colocou em um voo muito mais tarde com uma rota diferente. Fiquei feliz com essa mudança? Claro que não. Mas a última coisa que eu queria era perder o nosso evento e decepcionar 6 mil alunos do ensino médio.

Pouco antes de decolar, a comissária de bordo se aproximou dos assentos da saída de emergência e murmurou uma pergunta. "Você está disposta e é capaz de ajudar em caso de emergência?" é a pergunta *padrão* que as comissárias de bordo fazem antes da decolagem para quem está sentado perto das saídas de emergência. Eu já estava assistindo a um programa na Netflix, então olhei para cima e respondi "sim" à pergunta dela sem pensar.

Acontece que a comissária de bordo não fez a pergunta padrão desta vez. Ela perguntou: "Você tem alguma pergunta sobre os assentos das saídas de emergência?". E eu disse que sim. Que baita erro. Aquela mulher não estava com humor para piadas ou mal-entendidos. Ela imediatamente me ordenou que eu fosse para a parte de trás do avião. Pedi que me perdoasse POR FAVOR e repetisse a pergunta. Mas, em vez disso, ela repetiu: "Levante-se agora e sente-se na parte de trás do avião". Sério?

Frustrada, peguei o meu telefone para gravá-la. O que foi inapropriado e um grande erro, gente. A comissária de bordo estava tão brava que, depois de me forçar a apagar o vídeo, tentou nos escoltar para fora do avião.

Perder aquele voo NÃO era uma opção. Depois de implorarmos muito, ela nos permitiu ficar com a condição de que ela guardaria os nossos telefones durante o voo. Fala sério. Sentamos na parte de trás do avião, envergonhados e tremendo de nervosos!

No ar, Adam se desafiou a mudar essa situação. Ele usou sua assertividade para defender os seus valores de bondade, empatia e sinceridade. Andou com confiança até a frente do avião e teve uma conversa de seis minutos com a mulher que levou os nossos telefones e a nossa dignidade! (Ok, talvez eu esteja sendo um pouco dramática.) Enfim, três minutos depois, ela começou a chorar, e dois minutos depois estava abraçando Adam. Eu não acreditava no que estava vendo da parte de trás do avião.

Adam voltou para a poltrona com os dois telefones na mão e relatou a conversa aberta com a comissária de bordo:

"Eu não conheço a senhora, e a senhora não nos conhece. Mas eu quis vir aqui e dizer que sinto muito pelo que aconteceu. Estamos apenas tentando chegar ao nosso destino depois de um dia muito longo e frustrante. A reação da minha esposa foi errada, mas eu acredito que, se todos pudéssemos primeiro abordar as pessoas com bondade, poderíamos evitar situações como esta, e o mundo seria um lugar melhor. Somos todos humanos, e no fundo somos todos boas pessoas. Eu sei que a senhora é uma boa pessoa e que só quer o melhor para todos nós neste avião. Garanto que minha esposa também é uma bela pessoa que não queria que nada disso acontecesse. Podemos recomeçar? O meu nome é Adam, e aquela é a Michelle."

Ao que ela respondeu: "Eu SOU uma boa pessoa!". E então ela abraçou Adam.

Naquele dia aprendi duas lições valiosas com ele:

1. Lutar com bondade.

2. Confiar em seus valores como forma de se defender.

No entanto, para colocá-las em ação, preciso praticar a assertividade, que vai desenvolver a minha confiança e me dará coragem para expressar os meus pensamentos da forma mais transparente e decisiva. Viver com Adam me ajudou a reconhecer algumas das características e comportamentos que todos podemos adotar para nos tornarmos pessoas mais assertivas. Vamos lá?

Pessoas assertivas confiam em seu julgamento

Não tem nada a ver com orgulho, ego, teimosia ou QI. Quando as pessoas assertivas sabem, no fundo do coração, que algo parece ser a coisa certa para elas, então elas lutam pelo que acreditam ser justo.

Digamos que você esteja em um restaurante e encontre um inseto rastejando na sua comida. Isso é errado, fato, e obviamente não foi você quem o colocou ali (espero). Nesse caso, pessoas não assertivas simplesmente tiram o inseto, pedem a conta e até ignoram o que aconteceu. Por quê? Porque preferem evitar a conversa desconfortável e seguir com a vida. Quem ganha? Ninguém. Você não conseguiu uma nova refeição nem um desconto, e o restaurante provavelmente perdeu um cliente. Contudo, ao decidir ser assertivo, você defende o que é certo e coloca os outros à prova. Pessoas assertivas se posicionam e dizem que há algo errado com a comida. Além disso, gentilmente sugerem ser compensados pelo erro do restaurante. Se o restaurante tem uma boa cultura e capacita os seus funcionários a tomar decisões, você, como cliente, não só receberá uma nova refeição e um desconto, mas também um mimo do chefe. Quem ganha? Todos. Você não só saiu de lá satisfeito, mas o restaurante ganhou seu coração e sua fidelidade, e o garçom recebeu uma bela gorjeta.

É nos momentos mais desafiadores que podemos provar que estamos certos ou errados, é tudo ou nada. Aproveite esses momentos para ser a melhor versão de si mesmo.

Pessoas assertivas cometem erros e os reconhecem

"Eu errei" é uma das coisas mais difíceis de dizer na vida, mas, ao mesmo tempo, também é uma das declarações mais libertadoras. É simplesmente um reconhecimento de que somos todos humanos e de que não há problema em cometer erros; na verdade, significa que tentamos. A melhor parte? Quando falhamos, e admitimos publicamente, as pessoas confiam mais em nós.

Por alguma razão, temos medo de admitir nossas falhas porque assumimos que as pessoas nos julgarão negativamente e vão perceber que não somos quem dizemos ser. Mas é exatamente o oposto. Quando não escondemos nossas falhas, demonstramos a nossa coragem e o nosso compromisso em fazer bons julgamentos sobre nós mesmos e os outros. Isso conquista confiança e respeito.

Pessoas assertivas não desistem facilmente

Quando você sabe que há algo a ser feito para corrigir uma situação e depende de outra pessoa para isso (um representante de atendimento ao cliente, um professor, seu chefe, o cara de TI), e essa pessoa não está ajudando, o que você faz? Eu costumo dizer algo como: "Pelo menos eu tentei!" e seguir em frente.

As pessoas assertivas sabem que, quando se esforçam o suficiente, conseguem o que querem, então informam a si mesmas (pessoas assertivas são bastante engenhosas) e tentam quantas vezes forem necessárias, de diferentes maneiras.

Eu vivo com uma das pessoas mais assertivas que conheço, e devo admitir que fica constrangedor depois da terceira ou quarta tentativa. Ver Adam ser tão persistente às vezes me faz sentir vergonha alheia. Mas ver como ele sempre consegue o que quer, às vezes depois da 15ª tentativa, me faz sentir orgulho de ser sua esposa, e eu o admiro ainda mais. Acredite, já o vi ligar para uma companhia aérea 11 vezes antes de mudarmos nosso voo gratuitamente. *Quem faz isso?*

Pessoas assertivas valorizam as próprias necessidades

Uma coisa é ser uma pessoa boa e atenciosa. Outra, muito diferente, é querer sempre agradar os outros. Pessoas assertivas podem ser extremamente agradáveis e atenciosas sem ter de colocar suas necessidades em último lugar. Quando nos tornamos pessoas que querem agradar os outros (porque queremos que gostem da gente ou porque somos generosos demais), estamos colocando as necessidades dos outros em primeiro lugar e nosso autocuidado em último.

Isso pode trazer alguns amigos no início, mas, com o tempo, você vai perceber que esse comportamento só causará ressentimento, falta de respeito próprio e baixa autoestima. O problema é que as pessoas ao seu redor vão:

- Acostumar-se com o cuidado.
- Futuramente, não lhe dar o devido valor.
- Achar que você está sempre bem e parar de oferecer ajuda e apoio.

Vejo que isso acontece muitas vezes com mães e cuidadores. As mães querem tanto estar à disposição dos filhos e do marido que se esquecem de cuidar de si mesmas e de pedir ajuda.

Pessoas assertivas podem identificar quando as suas necessidades não estão sendo atendidas e fazem questão de apontar isso como uma forma de deixar os outros saberem do que precisam. E elas não supõem que os outros conseguem ler mentes.

Não é fácil ser vulnerável e dizer que precisamos de mais atenção, amor, reconhecimento ou ajuda, mas isso é necessário para fazer qualquer relacionamento dar certo.

Pessoas assertivas não negociam os seus valores

Nas situações em que é necessário confrontar, debater ou exigir algo, pessoas assertivas não têm medo de defender aquilo em que acreditam.

Se você dá valor à autenticidade tanto quanto eu, não deve sentir medo ao confrontar imitadores. Se você dá valor à honestidade acima de tudo, deve confrontar com coragem quem lhe traiu — e, claramente, você não precisa mais dessa pessoa. E se você dá valor à bondade, vai se posicionar ao perceber que não estão lhe tratando bem, e o medo deve ser a última coisa em sua mente. Enquanto estamos nesse assunto, volte ao Capítulo 4 por um momento: reveja os seus valores e lembre-se de uma ocasião em que você precisava se defender, mas não o fez. Da próxima vez, confie nos seus valores e não abra mão deles.

Um exercício interessante que pode ajudar você a discutir com quem gosta, é pensar nestas perguntas antes de começar a conversa:

- Que resultados específicos quero alcançar com essa discussão?
- Como quero que a outra pessoa se sinta após a discussão?
- Como quero me sentir após a discussão?

Essas perguntas simples podem nos ajudar a nos preparar melhor e a ter a atitude e o tom certos.

Pessoas assertivas ouvem

Há uma diferença entre escutar e ouvir. Quando você escuta outras pessoas, está realmente prestando atenção, não apenas no que elas dizem, mas também em como dizem e no que querem dizer. Isso é fundamental para a nossa comunicação. A melhor maneira de fazer a outra pessoa se abrir e considerar nosso pedido é fazendo com que ela se sinta validada. Quando você realmente escuta, começa a abordar a conversa de uma forma que sintoniza com os outros e, ao fazer isso, eles estarão mais dispostos a ouvi-lo.

A **empatia** tem um grande papel aqui. Pessoas assertivas podem se colocar no lugar de outras para falar a língua delas e fazer com que se sintam compreendidas e respeitadas.

Pessoas assertivas não culpam os outros pelo modo como se sentem (mesmo quando são culpados)

A culpa e a vergonha só podem trazer à tona o pior dos outros. Para abordar um problema e trabalhar nele, devemos começar expressando como nos sentimos, não como o outro nos faz sentir.

Em vez de começar frases com "Você", comece frases com "Eu". E, ao negociar, não comece pedindo, e sim oferecendo. Além disso, não diga coisas como "você deveria". Diga "eu vou" e espere que a outra pessoa siga o seu exemplo.

Não espere o pior dos outros desde o início, pois seria inútil, mas sim o melhor e comece por aí. No fim das contas, pessoas assertivas gostam de se cercar de outras pessoas assertivas, e acredito firmemente que, se trabalharmos o suficiente em nós mesmos e desenvolvermos a nossa coragem, todos nós podemos ser uma dessas pessoas.

Pessoas assertivas fazem cada palavra valer

Eu costumo começar meus *e-mails* com três parágrafos ENORMES antes de Adam magicamente transformá-los nas sete linhas mais intencionais que você já leu. E isso vai além dos *e-mails*. Se você me vir prestes a explicar algo, sente-se e relaxe. Vou levar alguns minutos para argumentar, enquanto Adam consegue argumentar muito claramente em questão de segundos. Essa é uma das características que mais admiro em pessoas assertivas.

Para ajudar você a comunicar melhor uma ideia da próxima vez, pedi a Adam que me dissesse as principais coisas que ele leva em conta ao ter uma conversa importante por *e-mail*, telefone ou até mesmo pessoalmente:

1. **QUAL É O OBJETIVO?** Tenha seu objetivo em mente o tempo todo para não mudar o foco no meio da conversa. Isso permitirá que você seja claro desde o início.

2. **DESCARTE INFORMAÇÕES DESNECESSÁRIAS.** Atenha-se ao que mais importa e deixe de fora os pequenos detalhes no início.

3. **RESPEITE O TEMPO DO OUTRO.** Seja atencioso com a agenda apertada da outra pessoa ao ter uma conversa ou escrever

um *e-mail*. A melhor forma de fazer isso é indo direto ao ponto e depois encerrar o mais rápido possível.

4. **NÃO EXIJA, SOLICITE.** Essas são duas formas muito diferentes de pedir algo. Quando exigimos, não estamos respeitando a situação do outro e pedimos que ele se adapte às nossas necessidades. ("Termine isso até amanhã ao meio-dia.") Esse linguajar soa impositivo e não é bem recebido por ninguém. Quando solicitamos algo, podemos ser simples, mas atenciosos com as necessidades da outra pessoa ("Seria ótimo se você conseguisse terminar isso até o meio-dia de amanhã!").

5. **FORNEÇA SOLUÇÕES, NÃO PROBLEMAS.** Sempre haverá problemas. Há quem espere que outros resolvam os problemas ("Ju, não sei o que fazer com esse cliente. Ele está pedindo..."), e há pessoas assertivas. Estas não enviariam um *e-mail* ou ligariam para falar sobre um problema sem antes oferecer boas soluções ("Ju, o cliente está pedindo... E se nós..."). Com isso, a vida de todos se torna mais fácil e eficiente.

6. **PREPARE-SE COM ANTECEDÊNCIA.** Pessoas assertivas não gostam de ser pegas de surpresa, então, antes de se encontrar com outras pessoas, elas se preparam. Pesquisam a pessoa, o tema e o setor relevantes para ficarem bem informadas e não perderem tempo fazendo perguntas sobre conhecimentos básicos. Além disso, preveem as perguntas e possíveis respostas

ao se prepararem para uma reunião, o que causa a boa impressão de que estão bem preparadas.

7. **TENHA UM PROPÓSITO.** Essa é a principal característica que define uma pessoa assertiva. Há um propósito por trás de cada palavra, cada pergunta, cada observação e cada pausa.

Coragem

A coisa mais importante quando se trata de assertividade é a coragem. Quando passamos da passividade para a assertividade, podemos encontrar certa resistência, principalmente das pessoas ao nosso redor que estão acostumadas a agir de determinada maneira. Nesse momento, **a única pessoa que pode validar você é VOCÊ MESMO.** Só você pode se lembrar de por que decidiu que valia a pena lutar pelo que lhe parece certo. Só você pode fazer os outros o respeitarem. E só você pode se defender. Não será fácil, mas vai valer 100% a pena.

A assertividade é como um músculo; devemos praticá-la, mesmo que isso nos gere desconforto. Quanto mais assertivos formos, mais perto estaremos de conseguir as coisas que queremos, precisamos e merecemos — e às vezes, até mais. Você consegue.

A *única* PESSOA
QUE PODE *validar* VOCÊ
é VOCÊ MESMO.

DE CEM NÃOS PARA "E POR QUE NÃO?"

Entrevista com Jia Jiang

Jia Jiang tinha pavor de enfrentar a rejeição. Ele havia decidido largar o emprego na área de marketing para se tornar um empreendedor, mas o seu medo o impedia de chegar aos investidores a ponto de ele considerar desistir dos seus sonhos.

Um dia, Jia decidiu fazer uma viagem na qual se comprometeu a pedir 100 das coisas mais doidas e ultrajantes e, nesse processo, tornar-se imune à rejeição. Que ideia sensacional!

Alguns dos meus exemplos favoritos são:

- Pedir refil de hambúrguer em uma lanchonete.
- Pedir para ser modelo da Abercrombie no *shopping*.
- Pedir US$ 100 emprestado a um estranho.
- Perguntar a um policial se poderia dirigir a viatura.

E o que viralizou no YouTube:

- Pedir a uma funcionária do Krispy Kreme para recriar o logotipo das Olimpíadas com *donuts*. E ela fez! E ficou INCRÍVEL.

Ouvi falar de Jia quando eu estava enfrentando os meus medos e decidi entrar em contato e esperar que ele não me *rejeitasse*! Ele não rejeitou. Jia foi um amor de pessoa e mantivemos contato ao longo dos anos. Estou *tão* feliz que ele aceitou o meu convite para ser entrevistado neste capítulo! Jia é a personificação da assertividade! Mas nem sempre foi assim..

MICHELLE: Seu nível de assertividade aumentou desde que você começou a se desafiar?

JIA: Com certeza. Aprendi que, se você realmente acredita em uma ideia, vale a pena ser assertivo. E não se trata de impor a sua opinião aos outros, mas de saber como se explicar melhor para que outros possam enxergar a sua visão. Trata-se de nos posicionarmos e não ver problema em concordar em discordar. Agora fico tranquilo e calmo ao discutir uma ideia ou me explicar. Não sinto necessidade de dominar. Pelo contrário, [estabeleço] uma estrutura com os devidos critérios para tomar boas decisões ao trabalhar com outras pessoas.

MICHELLE: Seu nível de assertividade aumentou desde que você começou a se desafiar?

JIA: Com certeza. Aprendi que, se você realmente acredita em uma ideia, vale a pena ser assertivo. E não se trata de impor a sua opinião aos outros, mas de saber como se explicar melhor para que outros possam enxergar a sua visão. Trata-se de nos posicionarmos e não ver problema em concordar em discordar. Agora fico tranquilo e calmo ao discutir uma ideia ou me explicar. Não sinto necessidade de dominar. Pelo contrário, [estabeleço] uma estrutura com os devidos critérios para tomar boas decisões ao trabalhar com outras pessoas.

MICHELLE: Como você percebe a rejeição agora em comparação a antes?

JIA: Antes de embarcar nessa jornada de rejeição, eu vivia buscando abertura para aceitação. Foi muito difícil lidar com pessoas discordando de mim, então eu tentava constantemente evitar essa situação. Fazia de tudo para evitar conflitos! A terapia da rejeição me fez perceber que, quando alguém nos rejeita, não está nos rejeitando como pessoa, e esse pensamento me ajuda a lidar com a rejeição muito melhor hoje.

MICHELLE: O que você faz quando é rejeitado agora?

JIA: Agora sei como manter a conversa em vez de simplesmente aceitar um não como resposta. Pense nisso como uma negociação. Percebi que rejeitar algo ou alguém é uma reação natural dos seres humanos que querem estar no controle. Não significa que a pessoa me odeia; significa apenas que preciso trabalhar a reação negativa inicial para chegar a algum lugar. Em vez de fugir, agora pergunto o motivo e "O que posso fazer para que isso aconteça?". Assim, faço a outra pessoa me ajudar a chegar aonde quero!

MICHELLE: Qual é a sua mentalidade atual em relação à rejeição?

JIA: Eu entendo a rejeição como um desafio, em vez de algo que devo evitar. Na verdade, quero ser rejeitado! É divertido! Na próxima vez em que você pedir algo, desafie-se a ser rejeitada em vez de obter aprovação. Às vezes não é tão fácil!

MICHELLE: Pode deixar um conselho para quem prefere não tentar porque tem muito medo de ser rejeitado?

JIA: Quando você decide não tentar, não está competindo contra a rejeição; está simplesmente rejeitando a si mesmo.

OITO PRINCIPAIS *lições*

Acesse *hellofearsbook.com* para explorar mais atividades em inglês para colocar este capítulo em prática.

→ Saiba mais sobre a terapia comportamental dialética (DBT) e a rejeição.
→ Assista à campanha "Life Happens in 5" (A vida acontece em 5) em inglês da Gum 5.
→ Leia o livro *Hell Yeah or No*, de Derek Sivers, em inglês.

→ Leia a carta aberta que enviei em inglês à American Airlines após o episódio do avião.
→ Assista ao TED Talk de Jia Jiang e leia seu livro *Rejection Therapy*.

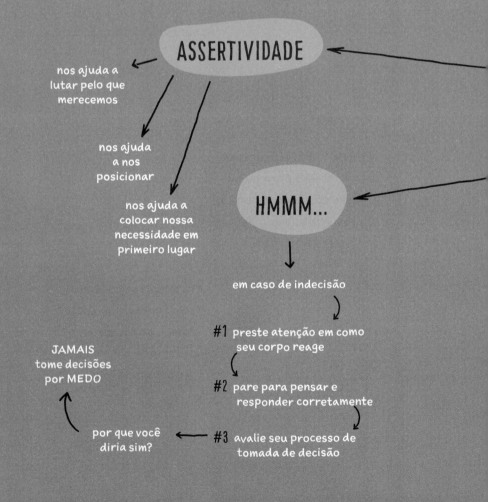

ASSERTIVIDADE

nos ajuda a lutar pelo que merecemos

nos ajuda a nos posicionar

nos ajuda a colocar nossa necessidade em primeiro lugar

HMMM...

em caso de indecisão

#1 preste atenção em como seu corpo reage

#2 pare para pensar e responder corretamente

#3 avalie seu processo de tomada de decisão

por que você diria sim?

JAMAIS tome decisões por MEDO

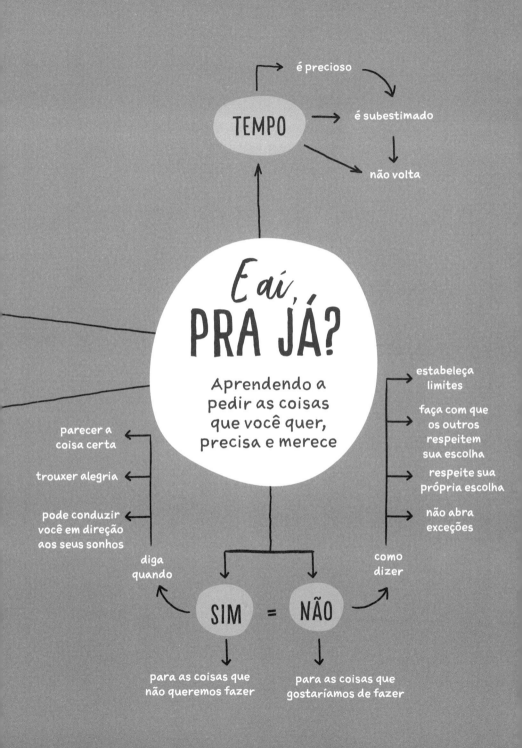

NOVE

É aí, SUCESSO?

COMO NÃO SABOTAR SEU CAMINHO PARA O SUCESSO

SE VOCÊ CHEGOU ATÉ AQUI é porque:

1. Está realmente comprometido em vencer neste mundo, e sua única dificuldade sempre foi o medo (mas não será mais, meu amor!).

2. Você não deixa as coisas pela metade e gosta de terminar o que começa. Muito bem! Você está quase lá.

3. Você acabou de pegar o livro, abriu em uma página aleatória e, bem... aqui estamos.

Para falar a verdade, nunca terminei de ler um livro. Este será o primeiro na vida. Viva! Então, parabéns por chegar até aqui! Antes de ler o *último* capítulo e tornar-se um grande vencedor, só falta saber sobre um medo: **o medo do sucesso.**

"Espera, não é a mesma coisa que medo do fracasso?" Ainda bem que você perguntou. Não, não tem *nada* a ver com o medo do fracasso.

Eu senti o medo do sucesso pela primeira vez alguns dias depois de escrever o Capítulo 8. Levantei o assunto nas redes sociais e descobri que ele é real! Depois que fiz uma postagem sobre o medo do sucesso, minha comunidade começou a comentar e compartilhar suas opiniões sobre o assunto e... bem, achei tão interessante que decidi adicionar outro capítulo a este livro. Acontece que as pessoas têm medo do sucesso por uma série de motivos, todos muito racionais e relacionáveis.

Mas, primeiro, vamos definir sucesso?

DE ACORDO COM O GOOGLE: É a realização de um objetivo ou propósito (ameeeei a palavra *propósito*).

DE ACORDO COM O DICIONÁRIO *MERRIAM-WEBSTER*: A conquista de riqueza, posição, honras ou coisa semelhante.

DE ACORDO COM A SOCIEDADE: Casar, ter casa própria, um emprego estável e pelo menos dois filhos, tudo antes dos 30 anos de idade.

DE ACORDO COM A SOCIEDADE (quando a história de "influenciador" começou, por volta de 2015): Casar, ter casa própria, um emprego estável e pelo menos dois filhos, tudo antes dos 30 anos de idade, e também virar sensação, ter uma tonelada de seguidores e um *juicer*.

DE ACORDO COMIGO: Transformar minha paixão em trabalho em tempo integral e inspirar as pessoas a fazerem o mesmo.

Descobrir o significado do sucesso para *nós* é a coisa mais importante a fazer para saber o que queremos alcançar na vida. É como o Waze ou o Google Maps. Para saber qual direção seguir, primeiro você precisa inserir o endereço correto.

A última coisa que alguém quer é ser enganado pela definição de sucesso da sociedade. No Capítulo 7, falei que devemos pensar nas *recompensas* como um meio de buscar o crescimento. Todos nós achamos que o dinheiro é uma recompensa, certo? Não! Ele só será uma recompensa se isso for o que você valoriza. Quais são as coisas que VOCÊ valoriza? Precisamos nos fazer essa pergunta para entender o que consideramos sucesso.

Portanto, reserve um momento para escrever sua própria definição de sucesso de acordo com o que você valoriza:

Sucesso é:

_____

_____

_____

_____

_____

Vamos nos concentrar nos medos que nos impedem de alcançar sucesso total na carreira e em como lidar com os efeitos colaterais que a conquista de nossas metas pode trazer.

SUCESSO = FELICIDADE?

O sucesso é totalmente pessoal. O que você considera sucesso pode ser um INFERNO para os outros, e a ideia de sucesso dos outros pode soar como um pesadelo para você. Precisamos parar de considerar o sucesso como algo que se pode definir em linhas gerais, o *ideal* de ter muito dinheiro, muitos seguidores, fama ou uma família como #metas. Talvez, quem sabe, você não precise de todas essas coisas, ou mesmo de nenhuma, para ser feliz. Por exemplo, algumas pessoas odiariam contar sua vida e ter seguidores. Outras nem pensam em se casar. Algumas acham que ter muito dinheiro é uma maldição. Mas, por alguma razão, temos muita dificuldade em aceitar o fato de que cada um de nós tem uma definição diferente para o sucesso, e julgamos as pessoas com base em nossa própria definição ou, pior ainda, na definição de sucesso da sociedade.

Logo começamos a nos comparar com as pessoas ao nosso redor, a ponto de nos enganar e almejar coisas que, na verdade, não queremos. **Você já conseguiu algo e depois descobriu que aquilo não lhe dava a satisfação que imaginava ter?** Você aceitou a ideia de sucesso dos outros como sua.

Sucesso = felicidade, mas somente quando alcançarmos o NOSSO tipo de sucesso.

Duas visões (muito) diferentes de sucesso

Há alguns anos, quando fui convidada para me apresentar em um evento incrível em Portland, chamado World Domination Summit, conheci Pete Adeney, o Mr. Money Mustache, como ele se autodenomina. Horas antes de entrar no palco, perguntei a Pete qual era o tema dele. Sua resposta me deixou surpresa:

— Eu nem deveria estar aqui, Michelle. O tema é como consegui me aposentar há seis anos, com 30 anos de idade. Minha meta era economizar bastante dinheiro na faixa dos 20 anos para ter um filho aos 30 e passar o resto da vida brincando com ele e guiando seus passos. E é onde eu deveria estar agora, com ele, jogando Frisbee ou algo assim, e não aqui decorando um monte de *slides*!

Achei o tema superinteressante! Fiquei louca para ver a apresentação dele. Na verdade, achei que ele deveria se apresentar no TED Talk, mas ele insistiu:

— Ei, garota do medo, você não está me ouvindo. Estar aqui é exatamente o oposto do que eu prego, então me apresentar no TED Talk é a ÚLTIMA coisa que eu quero. Inclusive, já recusei alguns convites deles.

— Mas, Pete, você pode ganhar milhões e inspirar as pessoas a mudar de vida com sua história incrível — exclamei.

— Eu já inspiro, Michelle. Tenho um *blog* com 8 milhões de leitores por ano! Com certeza, isso é bem mais do que o TED pode me dar, e prefiro fazer isso no conforto da minha própria casa enquanto meu filho está dormindo — ele respondeu.

A realidade é que Pete e eu temos definições muito diferentes de sucesso. Queria que ele tivesse sucesso do meu jeito, mas não percebi naquela hora que ele já tinha sucesso, só que do jeito *dele*. Ele estava certo. Se fazer apresentações não lhe dava alegria porque significava estar longe de seu filho e das coisas que ele realmente gostava de fazer, por que ele iria querer ter sucesso dessa maneira?

Já que pedi a você que dissesse o seu significado de sucesso algumas páginas atrás, agora quero que diga **o que sucesso não significa**. Para Pete, sucesso não significa ser um palestrante famoso e viajar pelo mundo. E, para mim, sucesso não é se aposentar cedo na vida.

Então, escreva aqui o que sucesso não significa para VOCÊ:

Sucesso não é:

_____

_____

_____

_____

A *última* coisa que você deseja é ter sucesso em algo que não gosta de fazer.

HABILIDADES VS PAIXÃO

Habilidades: coisas em que somos naturalmente bons. Quanto mais nos dedicamos a elas, melhores ficamos. **Paixão:** coisas que nos trazem satisfação ou alegria quando fazemos. Não precisamos necessariamente ser bons nelas.

Os pais ficam ansiosos para descobrir as habilidades dos filhos: "Ele pode se tornar um grande jogador de beisebol um dia! Para uma criança de 3 anos, ele tem uma boa tacada!". Ou: "E se ela se tornar a próxima Taylor Swift? Olha como ela canta bem!". Assim que os filhos fazem algo um pouquinho notável, os adultos já ficam superempolgados e querem que os pobrezinhos se dediquem àquele pretenso talento. Mas, infelizmente, ter talento em alguma coisa não significa necessariamente que gostamos daquilo.

Então, como futura mãe, espero ajudar meus filhos a identificar e investir em suas verdadeiras paixões, em vez de incentivá-los a ter sucesso em algo em que podem ser incríveis, mas não felizes. Nesse caso, eles teriam sucesso para mim, mas não para eles.

Agora que definimos o que é (e o que não é) sucesso, vou falar sobre os diferentes medos que as pessoas associam ao sucesso, porque eles afetaram a minha vida profundamente.

NOVO ESTILO DE VIDA

Antes de me mudar para Nova York, antes de fazer o mestrado em *Branding*, antes de criar um projeto que viralizasse, antes de me tornar empresária e de viver minha história de sucesso, eu trabalhava em um escritório com vista para o mar, das 9h às 19h, de segunda a sexta-feira. Eu costumava passar as noites trabalhando em projetos *freelance* e até gostava de fazer isso porque tinha a ver com criação de marca, e não com publicidade, e eu podia ficar passeando com Adam em seu Camaro em Miami Beach no fim de semana. Ele jogava beisebol todo domingo com seu irmão e um time que ele amava.

Os projetos que eu adorava fazer eram vídeos. Eu costumava levar minha GoPro a todos os eventos, viagens ou comemorações, e passava horas editando os vídeos para compartilhar com meus amigos e familiares. Fiz um vídeo da nossa lua de mel, do casamento de meus melhores amigos, um de quando minha primeira sobrinha, Shira, nasceu e outro quando meu primeiro sobrinho, Josh, nasceu (#igualdade). Depois, todo ano, eu editava os vídeos do ano inteiro para comemorar nosso aniversário de casamento e nos dar de presente depois. Eram os meus vídeos favoritos. Eu juntava tudo o que tínhamos feito ao longo do ano em um único vídeo divertido de 15 minutos que mostrava exatamente o que tinha acontecido naquele ano, além de captar o espírito da época.

E, como você já sabe, também mantínhamos contato com nossa família e nossos amigos.

Esse estilo de vida agora não existe mais.

Quando decidimos mudar para Nova York, seguir uma carreira diferente e, acidentalmente, vencer na Big Apple (BEM antes do que imaginávamos), nossa vida mudou completamente. E esse é o maior medo relacionado ao sucesso.

MEDO DA MUDANÇA

Algumas pessoas gostam da vida que têm do jeito que ela é. Sim, elas querem ganhar mais dinheiro, não reclamariam se fossem mais reconhecidas por suas habilidades e realizações, e ficariam felizes se mais pessoas quisessem usar seu produto ou ler seu material. Mas, tirando isso, elas gostam da vida que têm! Portanto, a ideia de fazer sucesso de repente pode ser assustadora porque significa várias mudanças:

- Pouco tempo com a família ou para o lazer;
- Ficar mais exposto;
- Responsabilidades maiores;
- Mudança de estilo de vida de acordo com as novas necessidades e possibilidades;
- Ser visto de forma diferente pelos conhecidos (e por si mesmo).

Para mim, é o máximo! Mas, para alguns, é exatamente o oposto.

A verdade é que, **se você tiver sucesso em algo que não fazia antes, sua vida mudará**. Portanto, antes de embarcar em uma jornada

PRECISAMOS QUERER DEIXAR *a* VIDA QUE TEMOS *para* TER *a* VIDA QUE SONHAMOS.

do tipo "isso pode mesmo dar certo", primeiro veja se você quer mesmo que sua vida dê tão certo!

No meu caso, a única coisa que realmente me faz falta do estilo de vida que eu tinha antes é tempo para trabalhar naqueles vídeos que eu costumava fazer no nosso aniversário de casamento. Já faz alguns anos que não tenho tempo para trabalhar nisso, ou não poderia escrever este livro, dar mais de 70 palestras por ano, cultivar minha comunidade no Instagram e ajudar Adam a promover sua marca. O tempo é limitado e, por enquanto, aproveito para construir meu negócio do zero e viver da melhor maneira possível, sabendo e aceitando o fato de que não podemos ter tudo.

Sinto falta de morar perto de meus amigos e familiares? Claro. Por isso, a cada dois meses vou visitá-los. Mas sinto falta de trabalhar num escritório, de ter um chefe e de criar algo sem nenhum propósito para mim? Nem um pouco! Não há nada de errado nesse tipo de vida, na verdade, pode até ser a realização de um *sonho* para alguém. Contudo, para mim, era o contrário.

Precisamos querer deixar a vida que temos para ter a vida que sonhamos. Agora, leia isso mais uma vez (e outra) até entender realmente o que eu quero dizer.

Eu queria ser uma empresária bem-sucedida, uma palestrante famosa e uma influenciadora. Mas, para conseguir isso, tive de sacrificar muitas coisas, coisas que estava disposta a abandonar para alcançar outras que davam mais sentido e propósito à minha vida, que eram a definição de sucesso para mim.

Aqui estão alguns sacrifícios diários que fiz e os benefícios que eles me trouxeram. Qual deles você sacrificaria tranquilamente?

O QUE EU SACRIFIQUEI	O QUE EU GANHEI
Finais de semana	Ser meu próprio chefe
Morar perto da família/dos amigos	Morar em Nova York, nosso lugar preferido no mundo
Ter um carro e casa própria	Liberdade total para ir aonde quisermos
Filhos	Dedicação total à carreira, por enquanto
Emprego estável das 9h às 17h	Oportunidade de crescer exponencialmente
Tempo de lazer	Realizar coisas boas
Rotina	Novas experiências

EXERCÍCIO

Imagine que você tenha definido uma meta muito alta para alcançar no ano que vem, uma meta com o potencial de mudar a sua vida. Qual seria? Ouse sonhar alto neste exercício. Pode ser conseguir 100 mil seguidores, lançar um produto ou abrir uma loja *de sucesso*, publicar um livro, aparecer ao vivo na TV, ser contratado pela empresa dos seus sonhos para o cargo dos seus sonhos e com o salário dos seus sonhos, ou ser o melhor amigo de um ídolo. Qual seria a sua meta?

Minha meta para o próximo ano:

Agora, vá mais longe e imagine que, nos próximos doze meses, você trabalhou incansavelmente para que isso acontecesse e... conseguiu! Não só conseguiu, mas se saiu melhor do que esperava! MINHA NOSSA! UAU! Saboreie seu sucesso por um breve momento. Agora, dobre o tamanho do seu sonho:

Como você se sente?

 NERVOSO   FELIZ

Agora, cite mudanças positivas e não tão positivas que a sua vida vai sofrer depois de você alcançar essa meta:

MUDANÇAS POSITIVAS   MUDANÇAS NÃO TÃO POSITIVAS

Você ainda quer atingir essa meta?

 COM CERTEZA!   HUM, NÃO

Se você respondeu "Com certeza!", continue lendo. Se respondeu "Hum, não", refaça sua meta e o exercício até que sua resposta seja afirmativa. Ou então leia a história a seguir para ver como esse exercício mudou completamente minha ideia do que significa sucesso.

Em 2016, tive a oportunidade de conversar com Sheryl, uma verdadeira #MulherEmpoderada, fundadora e CEO de uma empresa que emprega mais de 100 pessoas em Nova York. Ela me perguntou:

— Michelle, quanto sucesso você quer fazer? Você quer continuar ganhando o que ganha dando palestras e viajando com seu marido quando vocês tiverem filhos, com a mesma liberdade que têm agora, ou quer fazer muito sucesso, o que significa que terá de contratar pessoas e expandir até ter mais de 50 funcionários e continuar sua vida assim? Porque, se essa é a vida que deseja, você terá de sacrificar MUITA coisa. Não poderá colocar seus filhos para dormir à noite, não será dona do seu tempo nem terá o estilo de vida que tem hoje. Quando você tem pessoas para administrar, contabilidade para cuidar e um negócio para manter, a vida fica mais complicada. Nem precisa responder à minha pergunta, só pense nisso.

A pergunta de Sheryl colocou tudo em **perspectiva** e fez Adam e eu valorizarmos o que já tínhamos. Nós percebemos que gostamos da liberdade e do tempo que temos, acima de tudo, e que talvez não precisemos nos tornar uma sensação para fazer algo significativo e ainda assim aproveitar a vida. Por isso, é muito importante definir desde o início o que queremos, e o que não queremos, da vida.

No entanto, quando fazemos sucesso, seja muito ou pouco, não só a vida muda, mas também a maneira como nos vemos, e isso com certeza é meio assustador.

UMA NOVA VISÃO DE SI MESMO

Não sou a mesma pessoa de cinco anos atrás, quando decidi enfrentar meus medos. Isto é, ainda tenho algumas coisas em comum com aquela pessoa, mas não sou a mesma. Minha personalidade continua a mesma, mas minha mentalidade mudou muito com as experiências que tive, as coisas que aprendi, as pessoas com as quais me relacionei e o trabalho interno que fiz ao longo dos anos.

A antiga Michelle era uma sonhadora.

A NOVA MICHELLE TAMBÉM É EMPREENDEDORA.

A antiga Michelle gostava de ser ajudada.

A NOVA MICHELLE GOSTA DE SER DESAFIADA.

A antiga Michelle dizia "dispenso!" às novas experiências e oportunidades.

A NOVA MICHELLE DIZ "DISPENSO!" À FALTA DE CONFIANÇA.

A antiga Michelle precisava de aprovação para se sentir bem consigo mesma.

A NOVA MICHELLE BUSCA A CRÍTICA CONSTRUTIVA PARA SE TORNAR MELHOR.

A antiga Michelle se preocupava com a beleza.

A NOVA MICHELLE SE PREOCUPA COM A INFLUÊNCIA... E A BELEZA, DE VEZ EM QUANDO.

A antiga Michelle precisava de Adam para ficar bem.

A NOVA MICHELLE PRECISA SABER SE ADAM ESTÁ BEM.

A antiga Michelle gostava de cor de rosa.

A NOVA MICHELLE GOSTA DE COR DE ROSA (ALGUMAS COISAS CONTINUAM AS MESMAS).

Nem tudo na nova Michelle é melhor. Agora também tenho menos paciência do que antes, sou menos tolerante, mais exigente, mais cuidadosa com meu tempo e, com certeza, mais mandona. Contudo, mesmo assim, gosto MUITO MAIS da nova Michelle. Tenho certeza absoluta de que você também gostará muito mais do seu futuro "eu" de sucesso.

Mas e quanto às pessoas de quem você gosta... elas também gostarão do novo "você"?

Essa nova pessoa afetará quem está ao seu redor. A vida de seus amigos íntimos, familiares e, principalmente, de quem vive com você mudará quando a sua vida mudar. Talvez não seja uma mudança radical, mas o relacionamento deles com você mudará porque você não será a mesma pessoa.

E isso não é fácil. Na verdade, quando você vencer, as pessoas ao seu redor, que realmente amam você, ficarão felizes e animadas com o seu sucesso. Pense no que você sentiria se, de repente, seu melhor amigo ou sua irmã aparecesse numa entrevista na TV como especialista em alguma coisa? Provavelmente, você sentiria orgulho deles! Mas e se, depois dessa experiência, você ligasse para eles umas três ou cinco vezes para pedir um conselho ou apenas para sair e eles dissessem que estão muito ocupados com o trabalho, vão viajar para participar de uma conferência ou dar (ou até mesmo fazer!) uma entrevista em um *podcast* famoso, como você se sentiria?

O sucesso trará MUITAS coisas novas para sua vida. A culpa é uma delas, a menos que você aprenda a lidar com ela.

CULPA

O sucesso pode ser muito solitário se você pegar essa onda sozinho. Você deixará de viver como as pessoas ao seu redor e, de repente, terá a vida incrível que imaginava. E a verdade é que você terá oportunidades que ninguém mais em seu círculo terá, e isso pode fazer você se sentir culpado e não conseguir aproveitar o sucesso que conquistou com tanto esforço.

Quando meu projeto caiu na mídia, eu estava fazendo mestrado em *Branding* e trabalhando em tempo integral com publicidade. No primeiro dia em que virei notícia, todos os meus amigos, colegas de faculdade e de trabalho compartilharam os artigos no Facebook com a legenda: *"Eu conheço ela!!!!"*.

No segundo dia, menos pessoas compartilharam e, no terceiro, as únicas pessoas que compartilharam a notícia foram meus novos seguidores, pessoas que eu nem fazia ideia de quem eram. Dizem que ninguém é mais leal do que um admirador desconhecido, e é verdade. Não que meus amigos não me amem ou não se sintam contentes por mim, mas meu sucesso chama a atenção para os objetivos e as aspirações deles: será que vou vencer um dia, será que quero ter tanto sucesso, será que foi sorte? Esses são apenas alguns exemplos de perguntas que nos fazemos quando vemos alguém ter sucesso.

Quando isso aconteceu, quando meus amigos pararam de compartilhar minhas novidades ou de me perguntar sobre minha nova vida, me senti culpada e isso me impediu de curtir meu sucesso.

- Culpa por conquistar o estilo de vida com que sempre sonhei.
- Culpa por não poder compartilhar isso com meus amigos e familiares.
- Culpa por estar ocupada com coisas que só tinham a ver com a minha vida.
- Culpa por ser feliz.

> "Quando rejeitamos a vulnerabilidade, consideramos a alegria um mau presságio."
> —BRENÉ BROWN, NO *SUPER SOUL SUNDAY*

Brené Brown diz que a única maneira de combater a culpa por se sentir feliz é praticar a **gratidão**. As pessoas mais felizes não são as mais bem-sucedidas, mais realizadas ou mais amadas. São as que mais praticam a gratidão. Segui o exemplo de Brené e comecei a agradecer não apenas pelas experiências boas, mas também pelos desafios da minha jornada e pelas bênçãos que posso ter tido sem saber. Até me propus a ver o lado bom dos piores dias também. É quando eu mais preciso me sentir grata. E só então consegui ser feliz com meu sucesso.

Além disso, decidi adotar a mentalidade da abundância e compartilhar meu sucesso, e as recompensas que ele traz, com as pessoas à minha volta. Mais sucesso significa mais conexões, mais influência, mais poder, mais oportunidades, mais credibilidade, mais acesso, mais recursos, e assim por diante. E todos esses privilégios podem acabar ajudando seus amigos e familiares também. Você poderá promover os produtos e recomendar os serviços deles, colocá-los em contato com as pessoas certas, investir em seus negócios e ajudá-los de inúmeras maneiras, se quiser compartilhar seu sucesso com aqueles em quem acredita. Faça-os ver que, se você crescer, eles também crescem.

Hoje, meus amigos e familiares já se acostumaram com o meu novo estilo de vida e nunca sentiram tanto orgulho de mim quanto agora. Você se decepcionará com algumas pessoas, mas, como me diziam: "Não se preocupe com as pessoas que não ficam felizes por você. Elas também não estão felizes consigo mesmas". Não leve para o lado pessoal e lembre-se: faz parte abrir mão das pessoas que não compartilham mais os mesmos valores que você.

As pessoas podem influenciar muito nosso processo de tomada de decisão (para o bem ou para o mal), mas, no final, somos NÓS que decidimos o que fazer e o que não fazer. É aqui que mora o perigo. Podemos estar totalmente convencidos de que devemos colocar uma ideia em prática, mas, pouco antes de clicar em "enviar" ou "carregar", o medo começa a brincar com a nossa cabeça. Podemos sentir tanto medo do sucesso, por inúmeras razões, que somos capazes até de sabotar nossas possibilidades.

AUTOSSABOTAGEM

Enquanto eu escrevia esta parte do livro, sem brincadeira, o Adam veio me dizer que seu curso *on-line* ainda não estava pronto para ser lançado.

EU: O que você quer dizer com não está pronto para o lançamento? Os vídeos foram carregados, o *site* está legal, sua estratégia está definida. O que mais falta?

ADAM: Não sei, acho que deveria ter mais informações e ficaria melhor se eu explicasse alguns conceitos. Não tenho coragem de cobrar pelo curso como ele está agora. Talvez eu ofereça de graça... e crie um curso melhor na próxima vez.

EU: Não acredito! Estava escrevendo sobre autossabotagem *neste momento*, e você me diz isso? Dez minutos atrás, você estava pronto para o lançamento! De repente, começou a dar para trás? Você percebe que está PRESTES a sabotar sua própria conquista?

Nossos medos costumam tomar conta de nós conforme a data de lançamento se aproxima, e a dúvida mais comum que nos acomete é: será que isso é bom mesmo? E nosso superego adora responder com um grande "não". O superego quer nos proteger, lembra? Sua função é evitar o desgosto, e ele fará tudo que puder para nos impedir de correr qualquer risco de enfrentar um fracasso ou uma rejeição. Quando isso acontece, assumimos uma das três personalidades a seguir, ou todas ao mesmo tempo.

1ª personalidade: o "impostor"

Você se convence de que não é especialista no assunto e precisa pesquisar *mais* um pouco antes de publicar aquele conteúdo no *blog* sobre um assunto pelo qual tem verdadeira paixão.

2ª personalidade: o "menosprezado"

Você se convence de que seu conteúdo ou produto é *razoável* e se sentirá melhor se o oferecer de *graça*.

3ª personalidade: o "perfeccionista"

Você se convence de que está quase pronto, mas ainda falta alguma coisa. Então, você atrasa a data de lançamento várias vezes, porque *sempre* tem algo para revisar e melhorar.

———

Se você está pensando: "eu sou assim mesmo!", leia estas três verdades que o ajudarão a acabar com a falta de confiança e a clicar em "carregar", "enviar", "lançar", ou seja lá o que for.

Verdade nº 1: Você sabe mais do que algumas pessoas

Você pode não ser um PhD de Harvard, mas garanto que sabe mais sobre um assunto que as pessoas para as quais está falando. Nesse caso, responda: isso será útil de alguma forma para os outros ou não? Com certeza será.

Por exemplo, se você está criando um curso *on-line* de finanças (como Adam), não vá se comparar com Warren Buffett! Obviamente, você se sentirá uma formiguinha no meio de gigantes. Mas, se você parar um segundo para pensar no seu público (que, em sua maioria, admira seu conhecimento nessa área), verá que, embora não seja Warren Buffett (ou Lady Gaga, Steve Jobs, J.K. Rowling), ainda pode dar uma grande contribuição para as pessoas.

Verdade nº 2: Sua ideia/produto/serviço funciona para VOCÊ

Quando falamos por experiência própria, nossos argumentos se tornam incontestáveis. Os outros podem achar que *fariam* melhor, mas ninguém pode questionar se funcionou ou não para você. Por exemplo, em vez de dizer: "Esta é a melhor maneira de cuidar das suas unhas", diga apenas: "Esta é a MINHA maneira de cuidar das minhas unhas!". Indiscutível!

Este livro é um exemplo bem claro disso. Não tenho formação em psicologia, comportamento humano ou medo, mas acredito que minhas ideias são válidas porque experimentei tudo que compartilho aqui. Em vez de passar meses lendo um material sobre o medo feito por psicólogos ou especialistas famosos, decidi prestar muita atenção na minha vida e aprender com minha própria experiência.

Precisamos confiar mais em nós mesmos e em nossa experiência pessoal, e expressar nossas ideias sob esse ângulo: "se funcionou para *mim*, pode funcionar para *você*".

Verdade nº 3: Tudo sempre pode ser um pouco melhor

Nada é definitivo. Aposto que até as sinfonias de Beethoven podem ser melhoradas! Sempre podemos editar as coisas mais uma vez e melhorar. ESSA é a beleza da vida! Aceite essa verdade e dê a si mesmo um prazo final para desenvolver e lançar seu projeto. O filósofo francês Voltaire disse: "O perfeito é inimigo do bom". Com certeza! Às vezes, o desejo de ser perfeito nos impede até mesmo de tentar e, se começarmos a duvidar de cada passo, aonde vamos chegar? É melhor lançar alguma coisa boa e melhorar com o tempo do que ficar esperando até conseguir o produto *perfeito*.

> "Se você não ficou envergonhado com a primeira versão do seu produto é porque demorou demais para lançá-lo."
> —REID HOFFMAN, COFUNDADOR DO LINKEDIN

Essas são as três verdades que digo a mim mesma quando duvido do meu conteúdo ou produto. Não estou dizendo que você deve, obrigatoriamente, fazer essas três coisas, mas que elas funcionam para mim. Percebe o que eu fiz aqui?

Se você conseguir superar seus pensamentos mais negativos com essa atitude, provavelmente terá mais chances de alcançar o sucesso e realizar seus sonhos. O que, por sua vez, é um medo. E foi um medo que senti no 101º dia do projeto de 100 Dias Sem Medo.

REALIZANDO SEU SONHO

Lembra-se da grande meta que pedi para você visualizar algumas páginas atrás? Agora imagine mais uma vez que ela se concretizou. Você "deu o sangue" e conseguiu! Você comemora, saboreia o merecido sucesso... *e agora*?

Não há nada mais assustador para mim do que realizar um sonho, porque isso só significa uma coisa: que preciso de um novo sonho. Acontece que a vida continua e, como ela, precisamos continuar nos reinventando. Do contrário, podemos cair na maior armadilha de todas: a zona de conforto. Lembra da citação de Abraham Maslow: "Ou você avança para o crescimento ou recua para a segurança"? Quando alcançamos nossos objetivos, não podemos parar por aí, senão vamos retroceder!

A primeira vez que me dei conta disso foi um dia depois da palestra no TEDx. Percebi que meu precioso projeto havia terminado e eu não tinha nenhum plano. Deixei várias coisas para trás — um emprego em publicidade, um curso na School of Visual Arts, enfrentar um medo todo dia, publicar um vídeo todo dia e dar entrevistas na mídia — para ficar parada, me perguntando: "E agora?".

Quando meu projeto virou notícia no 40º medo, a especialista em fenômenos da internet Karen X. Cheng teve a gentileza de atender a uma ligação minha e me deu um conselho que jamais esquecerei: "Michelle, você viralizou. Aproveite enquanto dura, porque, em poucas semanas, deixará de ser notícia. Meu conselho é que você descubra o que fez seu projeto viralizar e ser um sucesso, e transforme *isso* em seu estilo de vida e em um negócio. Por que tantas pessoas se identificaram com seu projeto? Qual é a verdade universal que você descobriu com o seu projeto de 100 dias? Pense nisso".

Em 2012, Karen viralizou quando anunciou seu pedido de demissão da Microsoft em um vídeo do YouTube, fazendo uma paródia de "American Pie". Isso que é ser autêntica! Depois, ela ficou TÃO intrigada com seu sucesso que decodificou a fórmula para chamar a atenção da imprensa e criar vídeos que viralizassem. Pouco depois, começou a usar essa fórmula para criar mais vídeos famosos só por diversão e, quando foi ver, estava criando vídeos para marcas renomadas como Beats by Dre e Brawny. Karen transformou sua experiência em um novo empreendimento, mas como eu conseguiria também?

⭐ **Então, fiquei me perguntando "E agora?", quando, na verdade, deveria dizer: "Sim, daí...".**

Dizer "Sim, daí..." significa aceitar o que quer que tenha acontecido ou qualquer situação em que você esteja e pedir MAIS. Não se trata de deixar suas incríveis realizações para trás, mas de criar espaço para crescer mais e ter mais sucesso.

Assumindo essa postura, consegui transformar um projeto pessoal em um movimento e em uma carreira, na base da coragem. Porque a grande verdade universal que descobri ao enfrentar meus medos é que a **coragem é contagiante**.

SIM, enfrentei 100 medos e **DAÍ** estou inspirando milhares de pessoas a fazerem o mesmo.

Por mais assustador que possa parecer alcançar um objetivo e ter de se reinventar continuamente, a realidade é que, depois de atingir o pico, não dá para voltar para a prancheta e começar tudo de novo do nada. Você aproveita o sucesso que já alcançou, as novas ferramentas que conseguiu, o novo conhecimento que adquiriu e as novas portas que se abriram.

Depois de desenvolver meu projeto de sucesso, agora acredito que sou capaz de me reinventar quantas vezes quiser.

CONFIE NO SEU FUTURO EU

"Então, Michelle, o que você vai fazer quando o medo não estiver mais ~na onda~? Ou seja, quantas vezes você pode fazer a mesma apresentação?"

Essa pergunta não levava em conta duas coisas:

1. Existem 7,53 bilhões de pessoas no mundo. Duvido muito que consiga falar para todas nesta vida.

2. A capacidade humana de inovar.

Às vezes, quando criamos algo e mostramos ao mundo, pensamos que todos já viram e nos sentimos mal em repetir. No entanto, a verdade é que quem já viu vai buscar outra coisa, mas sempre haverá outros que não fazem a MENOR ideia de que você existe! Olha, eu fui notícia durante meses, em todo o mundo e, até hoje, quando vou a um evento, 70% do público diz que nunca tinha ouvido falar de mim antes. Isso significa que, quando alcançamos uma meta, não precisamos *logo* passar para a próxima aventura.

A melhor maneira de lutar contra o medo de realizar seu sonho (ou, devo dizer, *para mim*, a melhor maneira de lutar contra esse medo) é confiar no seu futuro "eu". Se eu fiz uma coisa fenomenal uma vez, sou bem capaz de fazer outra! Continuo a mesma pessoa criativa que era em 2015, mas agora tenho muito mais oportunidades, experiência e conhecimento. Portanto, POR FAVOR, não deixe as perguntas e o medo das outras pessoas atrapalharem seu sucesso. Aqui estou eu, depois de anos, surpreendendo o público com a minha história e me reinventando a cada dia com novas ideias.

Mas, no final das contas, sem *coragem* não existe sucesso.

É PRECISO TER CORAGEM PARA TER SUCESSO

A única coisa que os temas de todos esses capítulos e a busca de nossas metas têm em comum é a coragem.

Nós falamos sobre:

- Aproveitar a vida ao máximo;
- Liderança;
- Expectativas;
- Autenticidade;
- Críticas;
- Fracasso;
- Crescimento;
- Determinação;
- Sucesso.

Coragem é a ÚNICA coisa que nos levará do ponto onde estamos agora ao ponto em que queremos chegar. Certamente posso inspirar você, mas só VOCÊ pode mudar sua vida.

Mesmo que a **minha definição de sucesso não mude com o tempo, meus objetivos evoluem conforme eu cresço.** Descobri que é importante questionar isso uma vez por semana, inclusive com Adam, como casal. Eu me pergunto se estou satisfeita com a minha vida como ela é agora. No momento em que a resposta for não, tenho a coragem de reduzir a marcha e examinar melhor para descobrir qual será meu próximo passo de crescimento.

Se dois anos atrás você me dissesse que eu chegaria aonde estou agora, eu choraria de felicidade. Eu nem acreditaria. Dar 30 palestras pagas por ano era apenas um sonho e, no ano passado, dei 60 (pelo dobro do valor). Neste ano, provavelmente, conseguirei 80. Quando vejo TUDO o que realizamos em tão pouco tempo, fico impressionada. Por enquanto, gostamos de viajar mais de 100 vezes por ano e falar para

TEMOS DE *acreditar* QUE NOSSO *futuro* "EU" TOMARÁ A *melhor decisão* PARA NÓS QUANDO CHEGAR A *hora* E PRECISAMOS *continuar* FAZENDO O *melhor* QUE PODEMOS NESTE *momento.*

o maior número de pessoas possível, mas também estamos pensando em formar uma família e ficar mais em casa. Antes nosso objetivo era fazer o maior número de palestras possível e agora é encontrar um meio de gerar renda sem precisar viajar tanto.

E tudo bem! Podemos desviar, repensar nossos caminhos, questionar nossas estratégias e mudar de opinião. **Temos de acreditar que nosso futuro "eu" tomará a melhor decisão para nós quando chegar a hora e precisamos continuar fazendo o melhor que podemos neste momento.**

Sucesso = A felicidade de ser você mesmo

NOVE PRINCIPAIS *lições*

Acesse a página *hellofearsbook.com* para explorar outras atividades em inglês que dão vida a este capítulo.

→ Leia a postagem em inglês sobre o medo do sucesso que me deu a ideia de criar este capítulo (melhor ainda, leia os comentários abaixo da postagem!).

→ Assista à palestra em inglês do Sr. Money Mustache no World Domination Summit AGORA MESMO.

→ Veja meus primeiros vídeos em inglês (sim, incluindo os de aniversário de casamento).

→ Veja a conversa de Brené Brown com Oprah em inglês sobre a "ansiedade por felicidade" no *Super Soul Sunday*.

→ Leia o artigo em inglês de Karen X. Cheng sobre o fascinante tema de viralizar na internet.

→ Veja o TED Talk de 7 minutos de Elizabeth Gilbert sobre o que acontece quando você realiza um sonho.

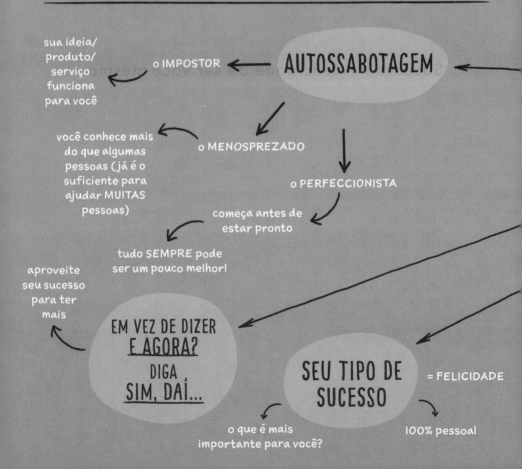

DEZ

É aí, FUTURO?

RENASÇA DAS CINZAS, REESCREVA SUA HISTÓRIA

PARA FALAR SOBRE O FUTURO, primeiro temos de entender o passado.

Meus medos existiam muito antes de eu nascer. Tudo começou na década de 1940 na Romênia, quando minha família foi retirada de sua casa e levada para um campo de concentração.

Os nazistas tomaram sua casa, seus pertences e sua humanidade. Tudo por causa de uma coisa: a religião. Ser judeu naquela época na Europa era um crime com penas severas.

Para encurtar a história, meus avós maternos foram enviados para um campo de trabalhos forçados na Transnístria em 1942. Eles tiveram sorte porque, naquela época, havia campos de trabalhos forçados e campos de extermínio (nem preciso explicar a diferença, né?). Meus avós foram separados e, portanto, levados para locais diferentes. Minha avó conseguiu ficar com o filho que, na época, tinha 2 anos de idade, e meu avô foi colocado sob a guarda de um soldado russo, que o levou para trabalhar em sua própria casa, salvando sua vida. Graças a ele, meu avô conseguia levar comida para minha avó e meu tio a cada quinze dias.

Cresci ouvindo essas histórias. Minha avó não gostava de falar sobre esse assunto, mas minha mãe contava as histórias que seu falecido pai tinha lhe contado. Nunca conheci meu avô, mas sei que, graças a ele, todos conseguiram sobreviver nos campos de concentração. Em 1947, os três embarcaram em um enorme navio e foram para a América Latina com milhares de outros judeus que também tiveram sorte e força para sobreviver aos campos de concentração.

Aprendi sobre o Holocausto quando era pequena, não apenas com minha família, mas também na minha escola judaica e com as famílias de meus amigos. Basicamente, todo mundo que eu conhecia tinha uma história de sobrevivência, do tipo que só se vê em filmes e livros. Uma era mais incrível que a outra.

Cresci sabendo que o mundo pode ser muito cruel e que, embora estejamos seguros hoje, amanhã talvez não seja assim.

Na Venezuela, o antissemitismo nunca foi problema. A Venezuela abriu as portas para o povo judeu que saiu da Europa e logo fez essas famílias se sentirem em casa. Mas, infelizmente, o país não era muito seguro por outros motivos.

INFÂNCIA NA VENEZUELA

Para ser sincera, tive uma infância muito feliz na capital, Caracas. Eu tinha muitos amigos, uma casa grande, uma linda comunidade e escapava para a praia todo fim de semana com minha família. Embora a Venezuela não fosse tão perigosa quanto se tornou depois de 2010, o medo de ser roubado, sequestrado ou até morto tirava meu sono à noite.

Desde que me entendo por gente, ficava no quarto sem conseguir dormir porque tinha medo de baixar a guarda à noite. Sinceramente, nunca tive medo de encontrar um monstro debaixo da cama, de fantasmas ou do escuro, como as outras crianças. Eu tinha medo de pessoas reais e perigosas. Eu ficava olhando para o corredor fora do quarto durante *horas* só para ter certeza de que um ladrão não tinha invadido a casa. Isso nunca aconteceu. E, finalmente, comecei a fechar a porta para conseguir dormir.

Eu morava bem perto da minha escola. Era uma caminhada de menos de 10 minutos, mas ir para a escola a pé nunca foi uma opção. Eu vivia praticamente em uma bolha. Havia muita segurança, muitos adultos ao redor, e sempre me diziam: "Feche a janela e tranque a porta, Michelle! Este bairro não é seguro!". Tomando todos os cuidados, estávamos seguros, mas mesmo assim era assustador para uma garota medrosa como eu.

Quando comecei a dirigir, aos 18 anos de idade, assim que entrava no carro, trancava as portas e logo saía. Tudo em questão de *segundos*. Não queria correr o risco de ninguém entrar no carro e me sequestrar.

Como você pode imaginar, passei a infância e a adolescência em um estado de ansiedade constante, fazendo tudo com medo. Alguns estudos dizem que a ansiedade de quem ficou nos campos de concentração pode ser transferida para várias gerações, e não tenho a menor dúvida disso. Foi só com 20 e poucos anos, depois de trabalhar muito o meu interior, que consegui mudar de mentalidade em relação ao medo, realizar minha ambição e viver plenamente.

Se você também está permitindo que seu passado o impeça de ser como você gostaria, este capítulo é para você. Ele lhe dará as ferramentas e a determinação para se **reinventar**, **recuperar** sua confiança e **redefinir** seu futuro.

Mas, primeiro, quero falar de duas pessoas que moldaram minha personalidade.

MEUS PAIS

Meus avós paternos não viveram o Holocausto. Eles deixaram a Europa assim que a coisa começou a ficar feia para o povo judeu, no final da década de 1930. Meu pai nasceu no Panamá, e a família logo se mudou para a Venezuela. Ele teve uma boa infância, sem nenhum tipo de perigo. Na verdade, ele sempre foi uma pessoa muito confiante e me mostrou que não há nada a temer, que a vida é uma aventura e que devemos vencer. Puxa, ele é médico cirurgião cardiovascular! Para mim, isso é o MÁXIMO DA CORAGEM.

Minha mãe cresceu enfrentando o trauma dos pais e, sem querer, assimilou muitos deles, o que moldou sua personalidade.

Portanto, embora seja carismática, empática, amigável, expansiva, atenciosa e bem-sucedida em sua área, ela também é uma pessoa ansiosa que vive com medo de que o pior aconteça. E eu não a culpo, porque realmente aconteceu com seus pais.

Desde nova, eu tinha a ambição, o ímpeto e a determinação de meu pai, mas também herdei a mania de medo da minha mãe. Cada vez mais, comecei a dizer "tenho medo de..." e deixava de fazer tudo que estivesse fora da minha zona de conforto. Às vezes, ela me pressionava para fazer uma coisa que sabia que eu gostaria, mas adivinha só: não é nada fácil criar os filhos porque **as crianças não fazem o que você manda. Elas fazem o que você faz.** E acho que nunca a vi enfrentar um medo, então por que eu deveria?*

JOGAR A CULPA NO PASSADO

Ser independente nunca foi uma meta para mim. Eu preferia passar *horas* com alguém de quem não gostava para não ter de sair sozinha. Você já fez isso? Na verdade, adorava que meus pais fizessem tudo para mim quando era nova e, quando fiquei mais velha, eram meus amigos e Adam. Eu me achava muito frágil e insegura e até gostava de que me tratassem como uma garotinha e cuidassem de mim. Assim, eu me sentia protegida o tempo todo.

---

* Se você estava lendo o Capítulo 1 e pulou para esta seção, este é um bom momento para parar de ler este capítulo e voltar ao Capítulo 1! Até lá!

Estava tudo bem, até que um dia deixou de estar.

Depois que nos casamos, Adam e eu pensamos em ter filhos, mas ele não ficou muito empolgado com a ideia. Ele dizia: "Michelle, você diz que quer filhos, mas como vai cuidar deles se não consegue nem cuidar de si mesma? O que você vai ensinar para seus filhos se não tiver ideia de como se defender? Não quero que meus filhos sejam tão medrosos quanto você. Como você vai ensiná-los a ter coragem? Eles serão como você. Eu amo você, mas quero que meus filhos sejam corajosos". O que ele disse doeu muito, principalmente porque era totalmente verdade.

Ai.

Eu *não* tinha como negar isso. Comecei a culpar meu passado: a experiência de meus avós e o comportamento de minha mãe. E encontrei certo consolo nisso. Eu me defendi dizendo que não era minha culpa ser como eu era. Mas, de certa forma, eu gostava de ser essa pessoa. Quem eu estava enganando?

Em uma conversa recente com minha mãe ao visitá-la, ela assumiu a responsabilidade por minha ansiedade pela primeira vez. Ela disse uma coisa muito verdadeira e intrigante: "Michelle, lembro que, quando você era pequena, eu morria de medo de que algo ruim lhe acontecesse. Eu sempre dizia para você *não* fazer certas coisas, *não* ser muito curiosa ou aventureira. Eu sempre dizia para você *tomar cuidado* e a tratava como se você não pudesse cuidar de si mesma. Me perdoe. Sem querer, com minhas palavras e ações, fiz você acreditar que não era bastante forte, capaz ou responsável. Meu instinto de cuidar de você e protegê-la tornou-a fraca, medrosa e com a ideia de que sempre teria de depender dos outros porque não podia fazer as coisas sozinha".

Nossa.

Quando os filhos são pequenos, eles precisam que os pais os protejam. No entanto, o mais importante é inspirar confiança e segurança para que, quando crescerem, tenham as ferramentas que seus pais lhes deram e saibam cuidar de si mesmos. Se não recebermos essas ferramentas, nos tornamos dependentes dos outros e ficamos extremamente vulneráveis, ansiosos e inseguros quando estamos sozinhos.

MISS INDEPENDENTE

Existem duas coisas que aprendi enfrentando meus medos: **sou muito mais forte do que pensava** e **não preciso ter medo de ser independente.** Na verdade, a independência é uma bênção. É uma questão ganhar a confiança interna aos poucos, nos desafiando a sair mais da zona de conforto a cada dia.

No meu projeto de 100 dias, fiz diversas coisas sozinha. Comecei visitando um museu sozinha. Fui sozinha a um *show* da Broadway. Depois, fui sozinha a um bom restaurante, ao cinema, a um bar e até fiz uma viagem de trem para uma cidade que não conhecia, para passar um fim de semana inteiro *sem mais ninguém*. Isso me desafiou a ganhar independência e me ajudou a descobrir o que eu penso, o que eu quero e as coisas que mais valorizo. Além disso, aos poucos comecei a curtir minha própria companhia. E sabe de uma coisa? Descobri que sou uma pessoa muito divertida! Tanto que comecei a comemorar meu aniversário SOZINHA! Percebi que o **crescimento pessoal só pode**

vir de dentro, por isso, algumas vezes por semana, precisamos passar um tempo sozinhos.

Quando comecei a enfrentar todos os meus medos, passei a me sentir mais forte, mais confiante e segura de mim mesma. E isso me assustou. Comecei a achar que não precisava mais de Adam para fazer as coisas. Até questionei se nosso relacionamento sobreviveria agora que eu não precisava mais dele. Esses pensamentos me assustaram porque eu não queria que nosso relacionamento mudasse, mas, de repente, me perguntei o que tinha me levado a casar com ele: medo ou amor?

Você já se perguntou isso em algum dos seus relacionamentos? Pense em seus amigos, seu parceiro, seus pais, seus irmãos e irmãs. Esses relacionamentos são baseados no amor ou na necessidade? Como seria sua relação com essa pessoa se você não *precisasse* mais dela?

Aos poucos, percebi que não havia nada a temer. Eu evoluí e nosso relacionamento também. Adam estava feliz por eu me tornar tão independente, mas, acima de tudo, ele estava orgulhoso, e a *admiração* é o que MAIS alimenta sua paixão por mim. Esse tipo de amor, admiração e valor é tudo aquilo de que as pessoas precisam para ficarem juntas, e não móveis, filhos, um milhão de fotos ou uma casa própria.

Com o tempo, aprendi que não estava com Adam porque precisava dele, mas porque realmente queria estar com ele.

Na verdade, houve momentos em nossa história mais recente em que eu tive de ser a pessoa forte, alguém em quem *ele* poderia se apoiar e contar. É isso que significa ser parceiro. Parceiro é quem fica ao seu lado incondicionalmente quando você precisa e quem tem a coragem de se apoiar em você quando ele é quem precisa. Porque não tem problema um precisar do outro de vez em quando; só não pode deixar que isso se torne a base do relacionamento.

É por isso que precisamos ensinar nossos filhos a serem independentes, caminharem sozinhos, se levantarem sozinhos depois da queda, falarem por si mesmos, ganharem a vida e fazerem boas escolhas por si próprios. Assim, quando crescerem, eles não dependerão de ninguém e farão as coisas por amor, não por medo ou necessidade. Pelo menos é assim que espero criar meus filhos um dia.

QUEBRANDO A CORRENTE DO MEDO NA MINHA FAMÍLIA

Quando o projeto de 100 dias finalmente chegou ao fim, no final de 2015, a Telemundo me convidou para participar de um programa chamado *¡Que Noche!* (Que noite!). Eles queriam destacar pessoas reais com histórias inspiradoras e, no final do programa, dariam um presente surpresa para cada convidado. Obviamente, aceitei o convite e fiquei super feliz por aparecer *ao vivo* na TV.

Naquela tarde, enquanto íamos para os estúdios da Telemundo em Miami, Flórida, fiquei imaginando o presente que eu ganharia. Pensei num daqueles cheques gigantes que as pessoas ganham quando vão ao *The Ellen DeGeneres Show* ou em uma viagem para Bali. Sempre quis ir para lá.

Adam, por sua vez, não parecia muito empolgado e até tentou reduzir minha expectativa como se soubesse qual era a surpresa. Como sou péssima atriz e, sem querer, deixo transparecer o que sinto e penso, ele me IMPLOROU para disfarçar se eu não gostasse da surpresa. Comecei a assistir a vídeos no YouTube para saber como as pessoas reagem quando ficam emocionadas com um prêmio. Em geral, elas colocam as mãos no rosto e exclamam: "Não acredito" ou "Estou MUITO honrada" ou até "Sinceramente, não sei o que dizer".

Minutos antes de aparecer ao vivo, o produtor do programa me acompanhou até o estúdio principal, onde os apresentadores entrevistavam a pessoa que ia aparecer antes de mim. Fazia muito frio lá e eu estava SUPER nervosa de aparecer ao vivo na TV e passar vergonha. E **meu medo se tornou realidade.**

Deu tudo errado na entrevista. De repente, esqueci como se fala espanhol (minha língua materna) e comecei a usar muitas palavras em inglês, o que era totalmente impróprio. Estava tão nervosa que não conseguia pensar direito. E, então, chegou a hora da surpresa.

APRESENTADOR: Michelle, seus avós são da Polônia, certo?

EU: Sim...

APRESENTADOR: Bem... Seu presente surpresa é... uma viagem para a POLÔNIA!

Polônia?

Só me lembro de olhar para trás e ver a palavra *Polônia* piscando na tela gigantesca atrás de nós, nas cores da bandeira polonesa, e uma foto em preto e branco de uma antiga cidade do país ao fundo. Então, reproduzi o que tinha aprendido naquela tarde. Coloquei as mãos no rosto e disse: "Nossa, não acredito, nem sei o que dizer. Acho que vou para a Polônia".*

Fiquei tão sem graça que eles perceberam, mas não me explicaram por que raios estavam me mandando para a Polônia. Eles não disseram que queriam que eu participasse da Marcha Internacional dos Vivos, um evento importante que acontece uma vez por ano, em que milhares de pessoas marcham juntas de Auschwitz a Birkenau, os dois campos de concentração com mais mortes na Europa.

Adam teve de me explicar isso quando o *show* terminou. Acontece que ELE tinha planejado aquela surpresa com eles há muito tempo.

VIVA

Eu sabia que as pessoas costumam visitar os campos de concentração na Polônia, mas nunca pensei em fazer isso sozinha. Não me achava tão forte assim para ter essa experiência. Mesmo assim, em maio de 2016, fomos para lá e, dias depois, participamos da Marcha Internacional dos Vivos. E, naquele dia, eu me senti... *viva*.

---

* Não coloquei um ponto de exclamação porque não tinha nenhum quando recebi a surpresa deles. Não sei representar.

Estar em um dos campos mais terríveis, em que milhões de judeus inocentes de toda a Europa morreram, me deu esperança. Era uma coisa que eu não esperava sentir.

Achei que, se fosse para lá, ficaria ainda mais ressentida, incrédula e revoltada com a humanidade, mas aconteceu o contrário. Aquele lugar me mostrou que sempre há esperança e que o bem prevalecerá. Naquele dia, senti orgulho de ser judia porque estar lá significava que NÓS vencemos, e não eles, que éramos mais fortes, unidos e indestrutíveis. Hoje, continuamos aqui, fazendo história. Isso me deu otimismo, alegria e paz. E o otimismo é o antídoto para o medo.

Ir para a Polônia e visitar os campos de concentração é uma coisa que todo mundo deve fazer, pelo menos uma vez na vida. Sei que um dia levarei meus filhos para lá e espero que eles levem os deles. A história não deve ser esquecida; ela existe para nos ensinar, mas cabe a nós aprender e depois transmitir a lição para os outros, para que os erros do passado não se repitam.

Você é história ou está fazendo história.

Qual é a sua história? Qual é a bagagem que você carrega? Ela é sua ou de outra pessoa? Minha bagagem estava cheia de medo, um medo que vinha da minha mãe e dos meus avós. A ideia não é fazer a bagagem desaparecer ou fingir que não existe. A única maneira de realmente nos libertarmos do passado é reconhecê-lo e enfrentá-lo de cabeça erguida, exatamente como eu fiz quando fui aos campos de concentração. Quando estava lá, deixei as emoções aflorarem, as boas e as ruins.

Meus avós fugiram dos campos de concentração e nunca mais olharam para trás, e eu fui até eles deliberadamente. Eles ficaram em silêncio, e eu falei abertamente a respeito. Eles viveram com medo, sempre pensando que o pior poderia acontecer, e eu decidi combater meu medo com a positividade. Então, não fuja da sua experiência. Em vez de fugir, entregue-se a ela e transforme-a em algo que redefina seu presente e seu futuro. Continue lendo para conhecer oito coisas que você pode fazer para isso acontecer.

MINHA HISTÓRIA ME DEU UM PROPÓSITO

Sou muito grata à Telemundo por me dar a oportunidade e o empurrão de que precisava para fechar o ciclo e enfrentar a causa dos meus medos. Minha vida ganhou ainda mais propósito com a viagem.

Pensei em meus avós, que decidiram sobreviver, quando nem todos tinham essa opção. **Meus avós poderiam ter morrido se quisessem**, porque era mais fácil morrer do que viver nos campos de concentração. Mas eles decidiram lutar. Eles decidiram viver.

Pela primeira vez na vida, enxerguei meus avós como pessoas fortes e corajosas, e descobri que carrego um pouco disso no sangue. Eu também posso me tornar forte e corajosa. Percebi que **meus avós lutaram muito para que eu estivesse aqui hoje.**

Esse pensamento me fez sentir importante, como se tivesse de fazer a minha vida valer a pena. Quer dizer, eles não sobreviveram à guerra para eu desperdiçar minha vida com coisas sem sentido.

Eles sobreviveram por um motivo, e quero que isso valha a pena. Naquele momento, decidi dedicar minha vida a empoderar as pessoas e, mais do que isso, a me empoderar e ensinar pelo exemplo. Da mesma forma que eles decidiram viver, **eu decidi influenciar os outros e fazer esta vida valer a pena.**

Então, aqui vai minha pergunta: Como você vai fazer a sua vida valer a pena? Como você vai celebrar a vida?

Você é importante, sua vida é importante e a marca que você decide deixar neste mundo é extremamente importante. Espero que você viva a sua vida com propósito.

RENASÇA DAS CINZAS

Sabe, eu poderia ficar revoltada com a minha história, pelo que meus avós sofreram e pelo que minha mãe passou quando morava com os pais dela. Mas, pensando bem, foi graças a ESSA luta que cheguei aonde estou hoje. O fato de ELES terem passado por toda aquela M&RD@ foi o que me motivou a arrebentar hoje e ser a melhor versão de mim mesma.

Então, que tal se você ASSUMISSE a sua história, desse a volta por cima e criasse uma coisa positiva com ela?

"Échame tierra y verás como florezco."
(Jogue-me terra e veja como eu floresço)
—FRIDA KAHLO

A terra é o desconforto pelo qual temos de passar para florescer.

A terra pode ser seus pais que não deram as ferramentas de que você precisava para viver, pode ser uma infância infeliz, a situação financeira da sua casa, guerra, drogas, um problema de saúde, doença mental, o país perigoso em que você foi morar ou o que for.

Do câncer aos cartões de felicidades

Quando tinha 20 e poucos anos, a ilustradora e redatora Emily McDowell passou por uma experiência que mexeu com ela. Aos 24 anos de idade, em vez de descobrir a vida, o trabalho e a idade adulta como as outras pessoas, ela foi diagnosticada com linfoma de Hodgkin, estágio III. Nos oito meses seguintes, sua vida se resumiu a uma série de sessões de quimioterapia e radioterapia.

Em sua palestra no World Domination Summit, Emily conta que, quando foi diagnosticada com câncer, o mais difícil não foi saber que estava doente nem o desconforto de fazer quimioterapia. Foi o fato de as pessoas de quem ela mais gostava terem sido as que mais se distanciaram. Ela se sentiu sozinha e desprezada.

Dez anos depois, Emily teve outra experiência com o câncer, quando uma grande amiga recebeu o mesmo diagnóstico. Foi então que ela finalmente entendeu por que as pessoas se afastam dos doentes. Não é porque elas não querem estar perto. Elas querem, mais do que tudo, mas simplesmente não sabem como lidar com a situação ou o que dizer para o doente. **O medo nos impede de fazer o que realmente queremos, que é ajudar.**

"Estar doente é alienante, porque você continua a mesma pessoa que era antes de ser diagnosticada, mas ninguém consegue se relacionar com você da mesma forma", diz ela. E comentários do tipo "tudo acontece por um motivo", infelizmente, não ajudam.

Reconhecer essa verdade sobre a humanidade é o que levou essa redatora criativa a ilustrar uma série de "cartões de empatia", como ela chama, para "os relacionamentos verdadeiros". Alguns cartões dizem:

"Por favor, deixe-me ser o primeiro a SOCAR a próxima pessoa que disser que tudo acontece por um motivo. Lamento que você esteja passando por isso."

"Você não é um fardo. Você é um SER HUMANO."

"Não existe um bom cartão para isso. Eu sinto muito."

"Se esse é o plano de Deus, Deus é um péssimo planejador! (Sem querer ofender, Deus. No resto, o Senhor fez um ótimo trabalho, tipo cachoeiras, pandas etc.)"

E tem muitos outros.

Emily foi capaz de transformar sua experiência e desenvolver um negócio de sucesso com ela. Agora, com seus cartões, ela ajuda pessoas em todo o mundo a apoiar seus entes queridos quando eles mais precisam.

A verdade é que TODOS nós podemos florescer, mas **o desabrochar depende inteiramente de nós.** Só NÓS podemos nos regar.

Regue: oito coisas que me ajudaram a florescer

Existem muitas maneiras de nos regarmos para aproveitar a terra. Coloquei aqui as que mais me ajudaram e espero que ajudem você.

1. Visualize a mudança

Precisamos acreditar que é possível "sair da terra", em vez de passar a vida inteira embaixo dela. Consegue ver? Pare um minuto e tente imaginar a pessoa que você gostaria de ser mental, emocional e fisicamente. Tudo que existe começa com uma ideia. Eu sabia que queria me tornar uma pessoa mais corajosa, um exemplo para os outros e uma influenciadora, mas, poucos anos atrás, eu não era nada disso.

Quero me tornar:

_____

_____

_____

_____

_____

_____

2. Busque ajuda

Depois de se convencer dessa possibilidade, você deve procurar ajuda, que é a coisa mais saudável que podemos fazer. Você pode começar lendo livros de autoajuda, assistindo a palestras do TED Talk na internet sobre histórias inspiradoras, fazendo terapia (o que, como você sabe, me ajudou MUITO), encontrando alguém que o apoie ou até mesmo um grupo de ajuda para o seu problema. Limpe seu *feed* de notícias o mais rápido possível, pare de seguir pessoas negativas ou influenciadores que fazem você sentir que a sua vida é uma porcaria e comece a seguir pessoas mais verdadeiras, que dão conselhos verdadeiros. Assim, você não apenas terá uma visão da sua história de sucesso, mas também se sentirá capaz de alcançá-la. Se outros conseguiram, por que você não conseguiria?

3. Trace seu próprio caminho

Como você pode usar sua experiência para ajudar os outros? No meu caso, eu queria ser palestrante e transmitir minha mensagem para que mais pessoas pudessem mudar sua perspectiva do medo. Um dos meus objetivos era me apresentar para as gerações mais novas e dizer tudo o que eu gostaria que tivessem dito para mim quando eu tinha a idade deles, da mesma forma que Emily criou o produto que ela gostaria que existisse quando descobriu que tinha câncer. Talvez você queira ensinar algo que ninguém lhe ensinou, tornar-se o chefe que você nunca teve, criar um documentário que gostaria que existisse ou um livro que teria ajudado *você* anos atrás. **Se você pudesse fazer algo para se ajudar quando era mais novo, o que seria?**

4. Coloque a mão na massa

Esta etapa é para trabalhar em VOCÊ. Depois de definir o que o *novo você* quer fazer ou ser, desenvolva as habilidades necessárias para colocar isso em prática. Faça cursos *on-line*, uma faculdade, busque especialistas na área, entreviste pessoas, faça tudo o que puder para se tornar uma versão melhor de si mesmo e ganhar confiança. Por exemplo, quando decidi me tornar palestrante, me matriculei na Toastmasters International, uma organização com filiais em todo o mundo para as pessoas praticarem oratória e aprenderem umas com as outras. Também li um livro chamado *The Wealthy Speaker 2.0*, com lições e exercícios práticos. Além disso, assisti a centenas de palestras TEDx, não apenas para me inspirar, mas para aprender com grandes palestrantes. Também participei de um evento na Califórnia chamado Rock the Stage. O fundador, Josh Shipp, é quem cuida de todos os meus eventos para a garotada hoje. Toda essa bagagem me deu confiança para começar a cobrar por minhas apresentações no palco para empresas, organizações e escolas em todo o mundo. Sim, tenho um propósito no que faço, mas agora também conheço o valor do meu serviço.

5. Mude o foco

Você ficou alegre, ou apavorado, com a ideia de colocar tudo isso em prática? Tenho uma notícia: agora não se trata mais de você. Portanto, quer esteja alegre ou apavorado, lembre-se de que o que você está fazendo é para o bem dos outros. Esse pensamento me ajuda MUITO. Pouco antes de me apresentar para uma multidão, penso: *Lembre-se: não é por você, é por sua mensagem e pelas pessoas que vieram aqui para ouvi-la.*

Se você decidir se tornar um *chef*, pense na experiência que pode proporcionar aos seus clientes. Ou, se a sua vocação é ser fotógrafo, pense nos momentos que você pode eternizar para seus clientes. Aquilo que decidimos fazer pode ter um forte impacto sobre as pessoas. Então, nessa hora, você deve parar de pensar em si mesmo e pensar em quem vai ouvir, assistir, ler ou comprar. Acredite se quiser, **você tem o poder de mudar a vida das pessoas.** Todos nós temos. Então, use isso como motivação, deixe seu medo para trás e siga em frente. *Qual é a melhor coisa que pode acontecer?*

6. Nunca se esqueça

Por mais sucesso que você tenha, lembre-se sempre do *porquê* e de *como* você começou. Isso ajudará você a manter o foco e os pés no chão. É a única coisa que lhe dará um *propósito* para continuar fazendo isso TODO SANTO DIA.

7. Perdoe

Podemos aceitar ou rejeitar a realidade e, qualquer que seja a sua escolha, os fatos não mudam. Mas, quando decidimos **aceitar** e **perdoar** o passado, ele passa (trocadilho intencional). Talvez você tenha de perdoar alguém ou a si mesmo. Quem quer que o tenha prejudicado e jogado terra em você precisa ser perdoado. Perdoar é deixar passar. É virar a página. É seguir em frente. O perdão pode acontecer externa ou internamente. Talvez essa pessoa não esteja mais aqui. Nesse caso, perdoe-a dentro de você. E, se ela ainda estiver por aí e você quiser perdoá-la de verdade, não desista. Lembre-se de que isso é para o seu bem e é necessário. O rancor nos mantém presos às pessoas e situações. Está na hora de você se libertar.

8. Mude seu futuro

Quando visualizamos nosso futuro, nos esforçamos para melhorar, causamos impacto, deixamos o passado para trás e assumimos a nossa história. Nós nos tornamos **implacáveis**. Todos são capazes de mudar a própria vida e a própria sorte. É uma questão de assumir, neste momento, a responsabilidade de como seremos no futuro. Lembre-se de que podemos nos tornar heróis ou vítimas de nossa própria história. Só depende de nós.

FUTURO

Sinceramente, não posso dizer que consegui quebrar a corrente do medo da minha família. Ainda não. Isso só acontecerá depois de tudo o que estou fazendo *agora*. Só os meus filhos, no futuro, poderão dizer se eu os criei direito. Não quero ser a mãe perfeita, porque isso daria uma falsa ideia. Quero ser o mais humana possível para que eles possam se identificar comigo e se orgulhar da minha jornada. Não vou fingir que sou destemida, senão eles não conhecerão o medo. Meu objetivo é mostrar para os meus filhos que sinto medo, mas estou disposta a melhorar e enfrentá-lo.

O importante é nunca permitir que o medo atrapalhe nossas paixões, ambições e objetivos. Meu palpite é que, se eu der esse exemplo para meus filhos, nos daremos bem.

EXERCÍCIO FINAL

Convido você a escrever aqui uma carta para o seu futuro "eu". Coloque a data atual e a data em que deseja abrir essa carta no futuro. **Assuma um compromisso consigo mesmo.** Diga ao seu futuro eu que você se esforçará agora para que ele fique orgulhoso mais tarde. Depois, dobre a página ao meio e use um adesivo para fechá-la. Além disso, crie um lembrete no seu celular para se lembrar do dia em que deseja abrir a carta. Seu compromisso pode durar um ano, três anos ou mesmo dez anos. Você decide!

Colocar as coisas no papel torna tudo mais real. Definimos melhor nossos objetivos e acreditamos que podemos realizá-los. Também ajuda a lançar nossas ideias para o universo. É como uma promessa que fazemos para nós mesmos. O que pode ser mais sagrado do que isso?

OPCIONAL: anexe a esta seção uma foto sua atual e use-a como um registro do passado.

Agora vá em frente e coloque tudo o que aprendeu em prática para buscar sua paixão, tomar decisões que são boas para VOCÊ, tornar-se uma pessoa mais autêntica e realizar seu sonho com confiança para que, então, quando chegar o momento de abrir este capítulo novamente, você diga: "Michelle, você estava totalmente certa". Porque, sabe de uma coisa? **Você merece tudo de bom que a vida pode lhe dar.**

Às vezes, as coisas que mais queremos dependem de um único gesto de coragem.

Caro futuro "eu",

CARTA ESCRITA EM: /   /

NÃO ABRIR ANTES DE: /   /

Às vezes,
AS COISAS QUE MAIS
QUEREMOS DEPENDEM
DE **UM ÚNICO**
GESTO DE CORAGEM.

DEZ PRINCIPAIS *lições*

Acesse a página *hellofearsbook.com* para explorar outras atividades em inglês que dão vida a este capítulo.

→ Veja a minha desastrosa entrevista em espanhol ao programa *¡Que Noche!*, da Telemundo.

→ Veja o vídeo da nossa experiência na Marcha Internacional dos Vivos em inglês.

→ Leia meus livros de autoajuda favoritos (lista em *hellofears.com*).

→ Veja o vídeo que fiz em inglês quando passei meu aniversário sozinha.

→ Aprenda com outras pessoas que conseguiram "renascer das cinzas".

→ Dê uma olhada em todos os cartões de empatia da Emily e compre o livro *There Is No Good Card for This*.

→ Mande uma carta para seu futuro "eu".

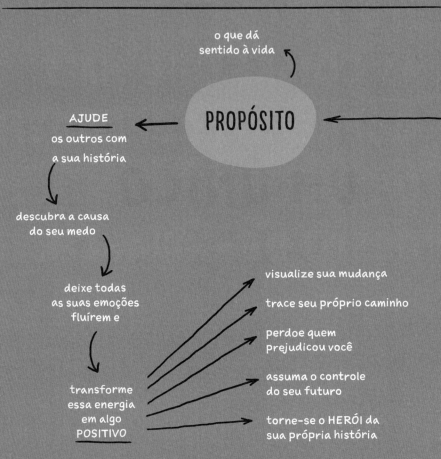

o que dá
sentido à vida

PROPÓSITO

AJUDE
os outros com
a sua história

descubra a causa
do seu medo

deixe todas
as suas emoções
fluírem e

transforme
essa energia
em algo
POSITIVO

visualize sua mudança

trace seu próprio caminho

perdoe quem
prejudicou você

assuma o controle
do seu futuro

torne-se o HERÓI da
sua própria história

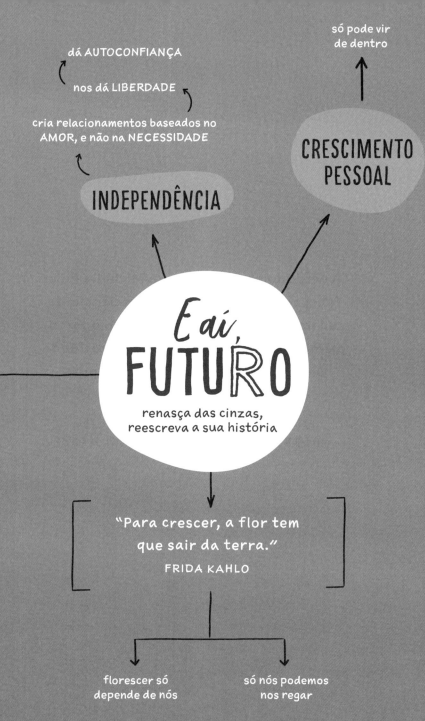

"A verdadeira conquista de Michelle Poler foi, e continua sendo, ter consciência de seu notável poder, determinação e força, além de sua extraordinária generosidade em transmitir abnegadamente para os outros tudo o que aprendeu."

—DEBBIE MILLMAN SOBRE E AÍ, MEDO?

POSFÁCIO
de Debbie Millman

QUANDO CONHECI MICHELLE Poler, em 2014, parecia que ela tinha medo de tudo. Tinha medo do metrô. Tinha medo de aranha. Tinha medo até de fazer uma fritura. Ela também tinha medo de viajar *e* voar. Tinha tanto medo de tanta coisa que não sei como conseguiu juntar coragem para se mudar para Nova York e fazer meu curso de pós-graduação em *Branding* na School of Visual Arts. Francamente, parecia impossível.

Só descobri a série infindável de medos da Michelle no início de sua jornada acadêmica, em um curso que leciono chamado: A Brand Called You (Uma marca chamada você). Embora meu programa na SVA seja basicamente sobre os vários elementos que compõem as marcas empresariais e comerciais, o curso A Brand Called You ensina aos alunos como se posicionar no mercado competitivo depois de se formarem e como a ideia que fazem de si mesmos pode ajudar ou atrapalhar seu sucesso.

O ponto central do curso é um trabalho chamado #The100DayProject, originalmente criado por Michael Bierut, da Universidade de Yale, em que os alunos devem criar um projeto usando o que descobrirem sobre as crenças que têm, ou as limitações que eles mesmos se impuseram, e que possam aplicar todos os dias.

Quando Michelle decidiu fazer algo usando seus diversos medos, não fiquei nada surpresa. O que me surpreendeu, no entanto, foi sua ambição nesse trabalho. Ela pretendia publicar vídeos no YouTube, pular de um avião, dançar na Times Square! Eu a aconselhei a não *forçar* muito seus limites porque não queria que ela ficasse esgotada antes dos 100 dias.

Não precisava ter me preocupado.

Tive sorte, tive muitos alunos excepcionais em minha jornada de vinte anos como professora. Tive alunos que, hoje, são consultores de marca, gerentes de marca, diretores de arte e *designers* extremamente bem-sucedidos. Tive alunos que criaram suas próprias marcas de sucesso. Tive alunos que se tornaram diretores de multinacionais e outros que se tornaram excelentes professores e mentores.

Mas nunca tive uma aluna como Michelle.

Vou explicar. O projeto de 100 dias da Michelle não era nada diferente das centenas de outros projetos que meus alunos de pós--graduação fizeram ao longo dos anos. Sim, ela fez vídeos excelentes e divertidos e era extremamente habilidosa com a mídia. Sim, ela viralizou totalmente. Mas tivemos muitos outros projetos de alunos da SVA que também viralizaram e, com certeza, muitos outros projetos vão viralizar no futuro.

O que torna a trajetória de Michelle tão única e notável é o que ela fez *depois* que concluiu o projeto de 100 dias, confrontando seus diversos medos.

Não contente com os louros do sucesso na internet, Michelle continuou seu trabalho. Ela examinou e reexaminou não apenas seus medos, mas também suas fraquezas, falhas e fracassos. E, nos cinco anos depois que se formou, ela continuou descobrindo a resiliência do espírito humano.

A verdadeira conquista de Michelle Poler foi, e continua sendo, ter consciência de seu notável poder, determinação e força, além de sua extraordinária generosidade em transmitir abnegadamente para os outros tudo o que aprendeu.

Debbie Millman
OUTUBRO, 2019

Qual é a **MELHOR** e a **PIOR** COISA QUE PODE ACONTECER?

AGRADECIMENTOS

QUANDO EU ESTAVA terminando de escrever este livro, tive uma sessão com minha terapeuta. Ela me ajudou ao longo de todo o caminho, lendo cada capítulo e compartilhando suas impressões valiosas. Então, naturalmente, nesta sessão, falamos da minha expectativa em relação ao livro. Naquele momento, reconheci que minha expectativa era muito alta e eu estava *morrendo* de medo de que o livro fosse um fracasso.

Então, ela me pediu para fazer uma coisa que eu jamais esperava: escrever uma carta para mim mesma respondendo à seguinte pergunta: qual é a MELHOR e a PIOR coisa que pode acontecer?

Nossa!

Arregalei o olho e disse: "Nem pensar". O estágio de descoberta e o estágio de negação me pegaram em cheio em poucos segundos. Meu medo naquele momento era de que, só de pensar nessa possibilidade, eu atrairia o pior. Gosto de visualizar apenas o que é positivo para atrair isso, então aquele exercício mexeu comigo. Mas ela me desafiou a fazer, e eu adoro desafios.

Então decidi tentar e vou mostrar a você a carta que escrevi, porque ela me ajudou de uma maneira que eu jamais imaginaria.

CARA MICHELLE,

Parabéns! Você escreveu seu primeiro livro e ele foi lançado. Isso já é uma GRANDE conquista. Quer dizer, nem todo mundo recebe uma oferta de uma editora E AINDA um adiantamento, muito menos no PRIMEIRO livro! Obrigada, Erin Niumata e Josh Shipp por torná-lo realidade. E a Sourcebooks, então? A maior editora independente do mundo fundada por uma MULHER! O que mais você quer?

A melhor parte: você gostou desse processo MAIS DO QUE TUDO! Por NOVE meses, você acordou com um propósito e super animada para continuar escrevendo o livro. Lembra que você achava que todas as outras coisas na sua vida eram sem importância e inconvenientes? Você sentiu tanta satisfação em escrever que nem ficou alegre quando terminou o livro.

Não se esqueça de como se sentiu ORGULHOSA de si mesma em cada página e cada capítulo. Você estava sempre se surpreendendo. E isso é mais importante do que a opinião de qualquer pessoa.

Você não apenas gostou de escrever o livro. Você também gostou da estrutura que criou para isso. Você se preocupou tanto em escrever um livro com intensidade e profissionalismo que revisou cada capítulo com seu marido Adam Stramwasser, sua terapeuta Daniela Sichel, sua amiga Stephanie Essenfeld (também terapeuta) e seu primo

Kevin Montello, que a ajudou com o humor e a gramática. Isso sem mencionar a Grace Menary-Winefield, sua editora, que a apoiou E a desafiou em cada capítulo. Você não poderia querer ninguém melhor para trabalhar e aposto que sente falta das conversas que tinha com ela todo dia. Que sorte você tem de trabalhar com uma equipe tão notável na Sourcebooks, desde a Meg Gibbons, que garantiu que este livro fosse tudo o que você sempre sonhou, até a incrível equipe de *design* que cuidou de tudo para você: Jillian Rahn, Brittany Vibbert e Kelly Lawler. E ainda tem a Cassie Gutman, a editora de produção que ajudou a Meg e a Grace! Quantas #mulheresEMPODERADAS! ☀

Por fim, você deve ser excepcionalmente grata à sua comunidade @HelloFears, a todos os leitores que doaram seu tempo para dar sua opinião sincera e aos *designers* que apresentaram ótimas opções de capa.

Não se esqueça de que, nessa jornada, você se aproximou muito mais da sua mãe, Beatriz Poler-Bernstein. Lembre-se de todas as grandes ideias que ela lhe deu para o capítulo sobre o fracasso e como reescrever sua história. Foi quando você a visitou no Panamá que ela abriu o coração e reconheceu que a havia criado com medo. Depois, com lágrimas nos olhos, ela disse quanto se sentia orgulhosa de você agora. Foi um momento marcante de vulnerabilidade que vai ficar para sempre na sua memória.

Além disso, não se esqueça do amor que Adam lhe deu durante todo esse processo. Lembra das incontáveis vezes que ele disse que estava orgulhoso de ver você escrever sem parar nesses meses? Ele realmente admirou seu compromisso, sua resiliência e sua motivação. Ele sempre dizia: eu JAMAIS conseguiria escrever um livro! Mas você sabe que ele conseguiria.

Tudo isso não só fez valer a pena escrever este livro, mas também tornou isso uma experiência inesquecível.

Mesmo que o livro seja um grande fracasso, que apenas algumas pessoas o comprem, que não entre na lista dos 100 melhores da Amazon, não ajude a aumentar sua comunidade na internet ou mesmo que você não consiga fazer que as pessoas que mais admira, como Brené Brown, Rachel Hollis ou Oprah, falem dele, não tem problema. Elas também não chegaram aonde estão no primeiro livro.

E tem mais! Você está só com 31 anos, garota! Tem uma vida inteira pela frente, para usar e colocar o que aprendeu em prática.

Você é IMPLACÁVEL.

Sei que este é apenas o começo de um futuro muito brilhante para você. Então, continue buscando essa mesma paixão e, acima de tudo, não deixe de curtir o passeio!

COM AMOR,
Michelle

AGRADECIMENTO ESPECIAL

As pessoas citadas abaixo doaram seu tempo e seu conhecimento para melhorar este livro, e algumas inclusive deram grandes ideias para a capa. Agradeço profundamente e me sinto honrada com a tribo do Hello Fears*. Dedico este livro a VOCÊS:

Karla Aguirre	*Andreina Atencio*	*John Beede*
Jenifer Blanco	*Vanessa Buelvas*	*Vanessa Cabello*
Kenia Chávez	*Gaby La Cruz*	*Joelle Daccarett*
Sofia Altuna	*Eliana Barousse*	*Adriana Beracha*
Crisel Borges	*Elandra Burton*	*Tittina Del Carmen*
Angela Crosby	*Jessica Czamanski*	*Natascha Fernandez*

* Agradecimentos especiais a Nir Eyal por ter me dado a excelente ideia de incluir a minha preciosa comunidade aqui. Fiquei viciada, cara!

Flor Benassi

Laura Castellano

Laura Doffiny

Michelle Faraco

Cindy Foo

Fernanda Fuschino

Ailyn Esayag

Linnea Fritjofsson

Aileen Gartner

Ana Guerra

Cecilia Hahn

Cristina Hamana-Maza

Emma Heinrich

María Heredia

Karerina (Kare)
   Hernandez

Tere Hinojosa

Linsey Hugo

Matilyn Jones

Laura Jorge

Mauren Kaufmann

Ana Lara

Adriana Lindenfeld

Carolina Maggi

Orly Margulis

Elizabeth Martinex

Iwa Martinez

Amaranta Martinez

Yessica Márquez

Evelyn Mezquita

Dariana Moreira

Franz Moricete

Juanil Muñoz

Emily Norgaard

Mariana Olivares

Adriana Ovalle

Fabiana Parra

Andrea Parra

Lianett Perez

Erika Del Pozo

Marisa Quiroz

Martha Riessland

Ana Rincon

Vanesa Romero

Daniella Rondon

Nathalie Rodrigues

Jessica Rodriguez

Paola Rosales

Adriana Russián

Rocío Salinas

Roxanna Sarmiento

Alejandra Schatzky

Lesly Simon

Elizabeth Slimak

Ly Smith

Carolina Stone

Melva Suarez

Jennifer Taurel

Lisbeth Tolentino

Andrea Tredinick

Dra. Sue Varma

Vianny Velásquez

Gary Ware

Margaret Zorrilla

Ashley Chui

Antonia Figueiredo

Foto: ASHLEY CHUI
Ilustração: ANTONIA FIGUEIREDO/AF.ILLUSTRATIONS

SOBRE A AUTORA

NASCIDA E CRIADA EM CARACAS, Venezuela, Michelle Poler é palestrante, empreendedora social, estrategista de marcas e uma pessoa que enfrenta seus medos de forma criativa e apaixonada.

Acostumada a viver com medo, quando se mudou para Nova York para fazer mestrado em *Branding* na School of Visual Arts, logo percebeu que a Big Apple não era para os fracos. Para mudar sua perspectiva de vida, Michelle decidiu enfrentar 100 medos em 100 dias, publicando todas essas experiências no YouTube, onde o projeto rapidamente viralizou e se tornou um fenômeno.

O ato de enfrentar seus medos levou Michelle ao palco do TEDx, uma decisão que marcou o início de sua carreira como palestrante. Desde então, já deu palestras em empresas como Google, Facebook, LinkedIn, Netflix, Microsoft, P&G, Toyota, Coca-Cola, Yum! Brands,

Wells Fargo e muitas outras, além de inspirar mais de 100 mil jovens em escolas e grandes empresas do mundo inteiro.

Michelle e seu marido, Adam, fazem cerca de 120 viagens por ano e, em cada uma, gravam um *podcast* em espanhol, *Desde El Avión* (Do avião), no caminho de um evento para o outro.

Além de criar conteúdo para o *podcast*, Michelle criou a comunidade *Hello Fears* no Instagram (@hellofears), na qual ajuda milhares de pessoas a saírem da zona de conforto e aproveitarem todo o seu potencial a cada dia.